Grundriß des deutschen Urheberrechts und Erfinderrechts

für Studierende

von

Dr. Friedrich Hellmann,
o. ö. Professor der Rechte in München

München und Berlin 1909.
J. Schweitzer Verlag (Arthur Sellier).

Druck: Dr. F. P. Datterer & Cie., Freising und München.

Vorwort.

Seit langem empfinde ich es bei meinen Vorlesungen über Urheberrecht als einen Mangel, daß ich meine Hörer nicht auf eine gedrängte, systematische Darstellung des verstreuten Quellenstoffes verweisen kann und die Hörer selbst möchten wohl hier eine Lücke ausgefüllt sehen. Denn dem Anfänger kann für das erste Bedürfnis der Orientierung nicht gedient werden durch Verweisung auf die Einzeldarstellungen der einzelnen Urheberrechtsarten. Auch die gewiß sehr verdienstvolle Zusammenfassung bei Crome, System des bürgerlichen Rechts Bd. 4 ist noch zu umfangreich und der Anfänger wird auch das Studium des bürgerlichen Rechts nicht mit einem Werke beginnen wollen, das schon jetzt fünf starke Bände ausmacht und sicher noch zu einem sechsten anschwillt. Das gleiche gilt von dem sechsten, noch unvollendete Bande des Dernburgschen Werkes. Der nachstehende Grundriß versucht dem angedeuteten Mangel abzuhelfen.

Hellmann.

Inhaltsverzeichnis.

Abkürzungen.

I = Gesetz des Norddd. Bundes v. 11. Juni 1870 betr. das Urheberrecht an Schriftwerken, Abbildungen, musikalischen Kompositionen und dramatischen Werken.

I^a = Reichsgesetz v. 19. Juni 1901 betr. das Urheberrecht an Werken der Literatur und der Tonkunst.

I^b = Reichsgesetz v. 19. Juni 1901 betr. das Verlagsrecht.

II = Reichsgesetz v. 9. Januar 1876 betr. das Urheberrecht an Werken der bildenden Künste.

II^a = Reichsgesetz v. 9. Januar 1907 betr. das Urheberrecht an Werken der bildenden Künste und der Photographie.

III = Reichsgesetz v. 11. Januar 1876 betr. das Urheberrecht an Mustern und Modellen.

IV = Reichsgesetz v. 1. Juni 1891 betr. den Schutz von Gebrauchsmustern.

Ausstellungsschutzgesetz = Reichsgesetz v. 18. März 1904 betr. den Schutz von Erfindungen, Mustern und Warenzeichen auf Ausstellungen.

Berner Konvention = Uebereinkunft betr. die Bildung eines internationalen Verbandes zum Schutz von Werken der Literatur und Kunst v. 9. September 1886.

DJZ. = Deutsche Juristenzeitung.

Kunstschutzgesetz = II^a.

Literaturschutzgesetz = I^a.

PG. = Patentgesetz v. 7. April 1891.

Unionsvertrag = Internationale Uebereinkunft zum Schutze des gewerblichen Eigentums abgeschlossen zu Paris am 20. März 1880.

BGB. = Bürgerliches Gesetzbuch.

FGG. = Gesetz betr. die Angelegenheitem der freiwilligen Gerichtsbarkeit.

RG. = Entscheidungen des Reichsgerichts in Zivilsachen.

RGBl. = Reichsgesetzblatt.

VO. = Verordnung.

ZBl. f. d. d. R. = Zentralblatt für das deutsche Reich.

ZPO. = Zivilprozeßordnung.

Die Exponenten auf der Nummer einer Gesetzesstelle bedeuten die Zahl des Absatzes der Gesetzesstelle (§ 8^1 = § 8 Abs. 1).

Erstes Kapitel:

Das Urheberrecht.

I. Begriff, Arten und Quellen des Urheberrechts.[1])

§ 1.

A. Begriff.

Urheberrecht ist das ausschließliche Recht einer Person zur Verfügung über ein Erzeugnis ihres Geistes mittels Veröffentlichung und Verbreitung.

Dieses Recht hat sich langsam entwickelt. Ursprünglich findet sich lediglich ein Privilegienschutz für Einzelne. Erst seit dem 16. Jahrhundert bildet sich die Idee eines allgemeinen Rechts der Urheberschaft an Schriftwerken aus, die im 19. Jahrhundert nicht nur überall gesetzliche Anerkennung erlangte, sondern auch auf musikalische Werke, Werke der bildenden Kunst und der gewerblichen Technik erstreckt wurde.[2])

Die systematische Eingliederung des Urheberrechtes ist eine sehr bestrittene Frage.

Die drei Haupttheorien sind:

1. Die Theorie des geistigen Eigentums,
2. die Theorie des Immaterialgüterrechts,
3. die Theorie des reinen Persönlichkeitsrechtsrechts oder des Individualrechts.

---

[1]) Literaturübersicht bei: Gierke, Deutsches Privatrecht Bd. I S. 749; Stobbe-Lehmann, Handbuch des deutschen Privatrechts Bd. III S. 4 ff; Crome, System des deutschen bürgerlichen Rechts Bd. IV S. 1 Note *); Dernburg, Das bürgerliche Recht Bd. VI, herausgegeben von Kohler, S. 6 N. 2, 3; hervorzuheben: Kohler, Urheberrecht an Schriftwerken und Verlagsrecht, 1907; Derselbe, Kunstwerkrecht, 1908; Derselbe, Musterrecht 1909; Osterrieth, Kommentar zum Kunstschutzgesetz, 1907; Allfeld, Kommentar zum Literaturschutzgesetz, 1902; Derselbe, Kommentar zu den Gesetzen über das gewerbliche Urheberrecht, 1904.

[2]) Vgl. über die geschichtliche Entwicklung: Gierke a. a. O. S. 750 ff.; Kohler, Urheberrecht an Schriftwerken (1907) S. 32 ff.

Die Theorie des reinen Persönlichkeitsrechts — neuestens besonders von Gierke verfochten — erachtet das Geisteswerk als einen Bestandteil der eigenen Persönlichkeitssphäre seines Schöpfers und das Urheberrecht als eine rechtliche Herrschaft des Schöpfers an diesem Bestandteil gegenüber jedermann.[1])

Die Theorie des Immaterialgüterrechts — von Kohler begründet und weit verbreitet — erachtet das Geisteswerk als ein unkörperliches Gut, das der absoluten Herrschaft des Schöpfers unterworfen ist. Dieses unkörperliche Gut ist ihm etwas von der Persönlichkeit Losgelöstes, zur selbständigen Existenz Gelangtes, die Herrschaft über dieses Gut also gerade eine Herrschaft über etwas, was nicht mehr Bestandteil der Schöpferpersönlichkeit ist.[2])

Die Theorie des geistigen Eigentums — namentlich im 18. Jahrhundert ausgebildet, jetzt hauptsächlich von Dernburg festgehalten[3]) — unterscheidet sich von der des Immaterialgüterrechts in Wahrheit nur durch den Ausdruck.

Sie ist sich vollkommen bewußt, daß das Recht des Urhebers in vielen Punkten durchaus anderen Inhalt hat als das Sacheigentum. Sie will nur durch die Bezeichnung „geistiges Eigentum" darauf hinweisen, daß das Recht des Urhebers am Geisteswerk dem Sacheigentum analog gestaltet ist, indem der Urheber zur vollständigen und ausschließlichen Verfügung über das Geisteswerk befugt ist, wie der Sacheigentümer über die Sache, das Recht des Urhebers der Verpfändung und Nießbrauchsbestellung fähig ist, wie das Sacheigentum.

Damit gibt die Terminologie zugleich einen Anhaltspunkt zur Orientierung über den Rechtsinhalt, während die Bezeichnung „Immaterialgüterrecht" über den Rechtsinhalt nichts aussagt.

Abzulehnen ist die Theorie des reinen Persönlichkeitsrechts.[4])

Denn so sehr die Persönlichkeit Voraussetzung der geistigen Schöpfung ist, so wenig ist die letztere mit der ersteren verbunden. Vielmehr besteht der Schöpfungsakt gerade in einer Lostrennung des Geschöpfes vom Schöpfer.

Das Urheberrecht gehört zu den Vermögensrechten. Denn es ist geeignet, ein wirtschaftliches Gut von Tauschwert zu sein.[5])

---

[1]) Gierke a. a. O. S. 764 f.

[2]) Kohler, Urheberrecht an Schriftwerken §§ 1, 2.

[3]) Dernburg-Kohler a. a. O. § 12.

[4]) Kohler, Urheberrecht S. 3 ff.; Dernburg-Kohler a. a. O. §§ 12, 13.

[5]) Dernburg-Kohler a. a. O. S. 41 Nr. II.

Das schließt nicht aus, daß der Schöpfer eines Geisteswerkes zugleich in einzelnen Richtungen einen Rechtsschutz seiner Schöpferpersönlichkeit genießt. In diesem Persönlichkeitsschutze liegt aber nicht die juristische Natur des Urheberrechtes, sowenig, wie in dem Anspruch auf Erhaltung der Anlage eines Grunddienstbarkeitsberechtigten in ordnungsmäßigem Zustande (BGB. § 1020) das Wesen des Eigentums. Der Rechtsschutz der Schöpferpersönlichkeit ist eine Begleiterscheinung des Urheberrechts, die für die begriffliche Auffassung keine Bedeutung hat. Er bildet mit den übrigen Bestimmungen der Gesamtrechtsordnung über den Schutz der Persönlichkeit das Institut des „Rechtes der Persönlichkeit“.[1])

B. Arten.

Das geistige Erzeugnis kann dem Gebiete des Schrifttums, dem der Tonkunst, dem der bildenden Kunst oder dem der gewerblichen Technik angehören.

Danach sind zu unterscheiden:

1. Das Urheberrecht an Schriftwerken und an Werken der Tonkunst (literarisch-musikalisches Urheberrecht),
2. das Urheberrecht an Werken der bildenden Kunst und der Photographie,
3. das gewerbliche Urheberrecht, (das Urheberrecht an Geschmacksmustern und an Gebrauchsmustern.)

C. Quellen.

Das im Deutschen Reiche zurzeit geltende Urheberrecht beruht auf folgenden Bundes- bzw. Reichsgesetzen:

1. Gesetz des Nordd. Bundes vom 11. Juni 1870 betr. das Urheberrecht an Schriftwerken, Abbildungen, musikalischen Kompositionen und dramatischen Werken[2]) fernerhin zitiert als „I“ aus-

---

[1]) Kohler, Urheberrecht S. 13 ff.; Dernburg-Kohler a. a. O. § 13 S. 42 ff. Anders Crome a. a. O. S. 6.

[2]) In Kraft getreten am 1. Januar 1871. Mit diesem Tage traten alle bis dahin geltenden Rechtsvorschriften über die gleiche Materie außer Kraft: § 57 dieses Gesetzes. Das Gesetz legt sich rückwirkende Kraft bei für alle vorher erschienenen Werke, selbst wenn ein Urheberrecht bis dahin landesrechtlich nicht bestanden hatte (§ 58 [1]). Doch sollten die nach früherem Rechte zulässigerweise hergestellten Exemplare auch fernerhin verbreitet werden dürfen, wenngleich die Herstellung nach dem Gesetze jetzt nicht mehr gestattet gewesen wäre (§ 58 [2]). Das Entsprechende sollte von der Benützung früher rechtmäßig hergestellter

gedehnt auf Baden und Hessen durch die Verfassung des Deutschen Bundes von 1870 Art. 80, auf Bayern durch den Versailler Vertrag vom 23. November 1870 bzw. durch Reichsgesetz vom 22. April 1871 § 11, auf Württemberg durch Vertrag vom 25. November 1870 Art. 2 Nr. 6; vgl. Reichsgesetz betr. die Verfassung des Deutschen Reichs vom 16. April 1871 § 2.

Das Gesetz I ist jetzt in der Hauptsache[1]) ersetzt durch:

2. Das Gesetz vom 19. Juni 1901 betr. das Urheberrecht an Werken der Literatur und der Tonkunst[2]) fernerhin zitiert als „I^{a}" in Kraft getreten am 1. Januar 1902 und

3. Das Gesetz vom 19. Juni 1901 betr. das Verlagsrecht fernerhin zitiert als „I^{b}" ebenfalls am 1. Januar 1902 in Kraft getreten.

4. Gesetz vom 9. Januar 1876 betr. das Urheberrecht an Werken der bildenden Künste fernerhin zitiert als „II". Es ist jetzt in der Hauptsache[3]) ersetzt durch

5. Gesetz vom 9. Januar 1907 betr. das Urheberrecht an Werken der bildenden Künste und der Photographie[4]) fernerhin zitiert als „II^{a}". Durch dieses Gesetz wurde auch das Gesetz vom 10. Januar 1876 betr. den Schutz der Photographien aufgehoben und ersetzt. In Kraft ist es getreten am 1. Juli 1907.

Vorrichtungen zur Vervielfältigung gelten (§ 58 [3]). Die Vollendung der nach früherem Rechte bereits zulässigerweise begonnenen Vervielfältigungen sollte gestattet sein (§ 58 [4]). Die Exemplare und die Vorrichtungen, deren Verbreitung bzw. Benützung hienach zulässig war, sollten binnen bestimmter Frist mit amtlichem Stempel versehen werden. Ungestempelte Stücke sollten nach Ablauf der Frist auf Antrag eingezogen werden (§ 58 [5, 6]). Die landesgesetzlichen Vorschriften über die Förmlichkeiten für den Vorbehalt des Übersetzungsrechtes und über die für das Erscheinen der ersten Übersetzung einzuhaltende Frist sollten fortgelten für die bereits erschienenen Werke (§ 59). Die Erteilung von Urheberprivilegien sollte fortan unzulässig sein. Privilegieninhaber sollten die Wahl haben, ob sie von ihrem Privileg für das Gebiet des privilegierenden Staates oder von dem Rechtsschutz des Gesetzes Gebrauch machen wollten. Der Privilegienschutz sollte jedenfalls weiterhin abhängig sein von dem Abdruck des wesentlichen Privilegieninhalts vor, auf oder hinter dem Titelblatt. Wo dies nach der Natur des Gegenstandes nicht möglich war oder wo es nicht geschehen war, mußte das Privileg bei Vermeidung des Erlöschens bis 31. März 1871 zur Eintragung in die Eintragsrolle des Leipziger Stadtrats angemeldet und die Eintragung veröffentlicht werden (§ 60).

[1]) Nur die §§ 57—60 gelten noch. Vgl. die vorige Note.

[2]) Häufig „Literaturschutzgesetz" genannt.

[3]) Nur die §§ 17—19 sind noch in Geltung. Sie haben einen den §§ 57—59 des Gesetzes I entsprechenden Inhalt. Siehe vorige Seite Note 2.

[4]) Häufig „Kunstschutzgesetz" genannt.

6. Gesetz vom 11. Januar 1876 betr. das Urheberrecht an Mustern und Modellen fernerhin zitiert als „III".

7. Gesetz vom 1. Juni 1891 betr. den Schutz von Gebrauchsmustern fernerhin zitiert als „IV".

8. Übereinkunft betr. die Bildung eines internationalen Verbandes zum Schutz von Werken der Literatur und Kunst (RGBl. 1887 S. 493) vom 9. September 1886 fernerhin zitiert als „Berner Konvention".

9. Internationale Übereinkunft zum Schutze des gewerblichen Eigentums vom 20. März 1880, abgeschlossen zu Paris[1]) fernerhin zitiert als „Unionsvertrag" und die Brüsseler Zusatzakte vom 14. Dezember 1900. Der Beitritt des Deutschen Reiches hat mit Wirksamkeit vom 1. Mai 1903 an stattgefunden (RGBl. 1903 S. 147 ff.).

10. Gesetz vom 18. März 1904 betr. den Schutz von Erfindungen, Mustern und Warenzeichen auf Ausstellungen fernerhin als „Ausstellungsschutzgesetz" zitiert.

11. Die Staatsverträge[2]) über das literarisch-artistische Urheberrecht zwischen dem Deutschen Reiche und

a) den Vereinigten Staaten von Nordamerika vom 15. Januar 1892, in Kraft seit 6. Mai 1892 (RGBl. 1892 Nr. 23),

b) Österreich-Ungarn vom 30. Dezember 1899, in Kraft seit 24. Mai 1901 (RGBl. 1901 Nr. 17),

c) Frankreich vom 8. April 1907 zum Ersatze der Übereinkunft vom 19. April 1883 (RGBl. 1907 Nr. 35).

12. Die unten § 8 unter B III angeführten Staatsverträge über den gewerblichen Rechtsschutz.

Die Texte der angeführten Gesetze finden sich zusammengestellt in: 1. Sammlung kleinerer Reichsgesetze und Verordnungen privatrechtlichen Inhalts (2. Auflage) bei C. H. Beck, München 1908. Diese Sammlung enthält auch den Text der Berner Konvention. 2. Müller, Privatrechtliche Reichsgesetze in der Guttentagschen Sammlung deutscher Reichsgesetze Nr. 84, Berlin 1908.

Die Gesetze über das Urheberrecht gelten auch in den deutschen Kolonien.[3])

---

[1]) S. Dernburg-Kohler a. a. O. S. 20 zu N. 1.

[2]) Vgl. über den Inhalt: Dernburg-Kohler a. a. O. § 10.

[3]) Konsulatsgesetz vom 7. April 1900 § 22; Schutzgebietsgesetz vom 25. Juli 1900 bzw. 10. September 1900 § 3 und Verordnung vom 9. November 1900 § 4, betr. die Rechtsverhältnisse in den Deutschen Schutzgebieten.

II. Literarisches, künstlerisches, photographisches Urheberrecht.

§ 2.

Begründung.

I. Es muß ein literarisches, künstlerisches oder photographisches Werk äußerlich erkennbar vorhanden sein.

A. Literarische Werke

sind:

1. Schriftwerke. Es genügt ein Manuskript.

2. Vorträge oder Reden zum Zwecke der Erbauung, Belehrung oder Unterhaltung (Iª § 1 Nr. 1).

Werk im Sinne des Gesetzes ist ein Geistesprodukt in individueller Form ausgeprägt. Auch Briefe können so beschaffen sein: RG. Bd. 69 S. 401 ff. Auf den Gehalt kommt nichts an.

Die individuelle Form fehlt bei bloßen Mitteilungen von Tatsachen oder von Ideen. Zur individuellen Form ist nicht notwendig: die Originalität des Inhalts d. h. die Selbständigkeit der Gedanken.

Ein Werk liegt auch vor bei Bearbeitung des Ideenmaterials anderer, wenn nur die Art der Bearbeitung selbständig ist.

Sogar die Zusammenstellung vorhandener Werke anderer, Zusammenstellung von Tatsachen, sind Werke, wenn sie als solche in selbständiger Form unternommen werden.

Beispiele für Bearbeitungen: Kommentare, Auszüge, Übersetzungen. — Beispiele für Zusammenstellungen: „Die zivilrechtlichen Gesetze des Deutschen Reiches" von Sehling; „Das Bürgerliche Gesetzbuch mit Nebengesetzen" von Jaeger. — Märchensammlungen, Liedersammlungen, Adreßbücher, Kursbücher, Kochbücher (Iª § 12 Nr. 1).

3. Wissenschaftliche und technische Abbildungen, die nicht ihrem Hauptzwecke nach Kunstwerk sind (Iª § 1 Nr. 3).

Beispiele: Lehrbuch der Kunstgeschichte mit Abbildungen, der Geometrie mit Figuren.

Auch Abbildungen in plastischer Form fallen darunter.

B. Werke der Tonkunst

sind alle musikalischen Kompositionen (Iª § 1 Nr. 2).

C. *Werke der bildenden Künste:*

Hieher gehören: Werke der Zeichnungskunst, der Malerei, der Bildhauerkunst, des Kunstgewerbes; Bauwerke nur, *soweit sie künstlerische Zwecke verfolgen*[1]) (II[a] § 2[1]) sowie *Entwürfe* für kunstgewerbliche Gegenstände und für Bauwerke (II[a] § 2[2]). Der künstlerische Wert ist gleichgültig.

Aber individuelle Form gehört auch hier zum Begriff des Werkes.

Die individuelle Form ist auch hier nicht ausgeschlossen, wenn sie sich an Vorhandenes anlehnt. So ist sie gegeben, wenn ein künstlerisch geordnetes Sammelwerk hergestellt wird, oder wenn eine antike Statue ergänzt wird, oder wenn eine Nachbildung in künstlerischer Art hergestellt wird (vgl. II[a] § 15[2]).

D. *Photographische Werke*

sind die durch Photographie oder durch ein ihr *ähnliches* Verfahren hergestellten (II[a] §§ 3, 15[2]).

II. *Mit der Herstellung* des Werkes wird das Urheberrecht von dem *Schöpfer* erworben. Das ist *originärer* Erwerb (I[a] § 2; II[a] §§ 1, 15).

Der *Gehilfe* des Schöpfers erwirbt kein Urheberrecht.[2]) Ebensowenig der *Besteller* des Werkes. Auch nicht der *Herausgeber*[3]) als solcher. Der Herausgeber kann aber zugleich *Urheber* sein. Das ist er für ein aus getrennten Beiträgen mehrerer bestehendes Werk (Sammelwerk) als *Ganzes*, dessen geistiger Leiter

---

[1]) Nach II § 3 vom 9. Januar 1876 waren Bauwerke nicht geschützt.

[2]) Ob jemand als Stellvertreter eines anderen diesen zum Urheber machen kann, ist bestritten (vgl. *Dernburg-Kohler* a. a. O. S. 108 Nr. IV; *Kohler*, Urheberrecht S. 228). Die Frage ist zu verneinen. Stellvertretung gibt es nur in Rechtsgeschäften. Ein solches ist die geistige Schöpfung so wenig wie die körperliche: wer eine Sache durch einen anderen herstellen läßt, bedient sich des andern als Werkzeug; Hersteller ist der andere. Das hat nach BGB. § 950 wohl zur Folge, daß das Eigentum von dem Unternehmer erworben wird, nicht von seinem Werkzeug. Aber eine Übertragung dieser Folge auf Geisteswerke geht ohne gesetzliche Sanktion nicht an. Für die *entsprechende* Anwendung des § 950 fehlt es an der Ähnlichkeit der Situation. Denn es gibt keine Möglichkeit, sich eines anderen als *Werkzeugs* zur Herstellung eines Geisteswerks zu bedienen, das ein Erzeugnis des *eigenen* Geistes ist. Darin liegt ein Widerspruch im Beisatz.

[3]) D. i. derjenige, welcher ein *fremdes* Werk unter Verantwortlichkeit für den Inhalt veröffentlicht.

er ist. Ist auf dem Sammelwerk ein Herausgeber nicht genannt, so gilt der Verleger[1]) als Urheber. Das ist Fiktion, nicht Präsumtion (I^a § 4; II^a § 6).

Wenn eine juristische Person des öffentlichen Rechts, z. B. eine Akademie der Wissenschaften oder Künste oder eine Universität — soferne sie juristische Personen sind — oder der Staat oder eine Gemeinde ein Werk veröffentlichen, das den Namen des Urhebers nicht angibt, so gilt[2]) die juristische Person als Urheber, auch wenn das Werk kein Sammelwerk ist, z. B. ein Handbuch der Hygiene, vom Gesundheitsamt herausgegeben, oder Bemerkungen zum Entwurfe eines Gesetzbuchs, herausgegeben vom Justizministerium.

Bei Schriftwerken ist als Angabe des Urhebernamens nur zu erachten die Angabe auf dem Titelblatt, der Zueignung, der Vorrede, am Schlusse (I^a § 3; II^a § 5). Über die Angabe bei Kunst- und Photographiewerken s. u. Nr. III, b.

Der Eigentümer der ein Werk verkörpernden Sache — z. B. des Porträts, des Hauses, des Manuskripts — erwirbt als solcher kein Urheberrecht.

Ein Werk kann mehrere Urheber haben. Das ist in verschiedener Weise denkbar:

1. So, daß aus ihrer Mitarbeit ein unscheidbares Ganzes entstanden ist, z. B. „Die goldene Eva", Lustspiel von Schöntan und Kadelburg; „Hans Huckebein", Posse von Oskar Blumental und Kadelburg; oder eine Landschaft mit Tieren, die bezüglich der letzteren von einem andern Maler herrührt als dem Maler der ersteren.

In diesem Falle besteht Urheberrechtsgemeinschaft nach Bruchteilen, im Zweifel zu gleichen Teilen (I^a § 6; II^a § 8; BGB. §§ 741 ff.). Näheres: Dernburg-Kohler § 42; Kohler, Urheberrecht § 39.

2. So, daß jeder einen unterscheidbaren Teil geschaffen hat, z. B. der eine den Text, der andere die Abbildungen dazu oder die Musik dazu oder der eine die Zeichnungen, der andere einen erläuternden Text; dann bestehen mehrere Urheberrechte an

---

[1]) D. i. der, welcher für eigene Rechnung auf Grund Vertrags mit dem Urheber das Werk veröffentlicht.

[2]) Auch dies ist Fiktion, nicht Präsumtion. A. M. Kohler, Urheberrecht S. 219; Dernburg-Kohler S. 109 N. 4. Aber man vergleiche den Sprachgebrauch des BGB., z. B. §§ 162, 212 Abs. 1, 1238, 1239, 142. Ein solches Werk ist nicht als anonym zu erachten.

den einzelnen Teilen (I[a] § 5; II[a] § 7). Vgl. Dernburg-Kohler § 41; Kohler a. a. O. § 39.

3. So, daß ein Herausgeber die Beiträge mehrerer Urheber vereinigt zu einem Sammelwerke. Da hat jeder sein Urheberrecht an seinem Beitrage. Der Herausgeber, eventuell (s. o. S. 8 zu N. 1) der Verleger das Urheberrecht am Ganzen als solchen.

Beispiel: Kommentar z. BGB. von Planck, André, Greif, Strecker, Strohal, Unzner oder von Staudinger, Loewenfeld, Riezler, Kuhlenbeck, Kober, Engelmann, Herzfelder, Wagner (I[a] § 4; II[a] § 6). Vgl. Dernburg-Kohler § 43; Kohler, Urheberrecht § 40.

III. Mit der Herstellung des Werkes wird das Urheberrecht vom Schöpfer des Werkes auch erworben, wenn sein wahrer Name nicht, oder wenn kein Name auf dem Werke angegeben, also das Werk pseudonym oder anonym erschienen ist.

Anonym ist das Werk auch dann, wenn die Namensangabe nicht in der gesetzlichen Weise veröffentlicht wird.

Die gesetzliche Weise ist

a) Bei Schriftwerken die Angabe auf dem Titelblatte, der Zueignung, in der Vorrede, am Schlusse. Bei Sammelwerken genügt die Angabe an der Spitze der Beiträge oder am Schlusse der Beiträge (I[a] §§ 7[1], 31), bei Werken, die öffentlich aufgeführt oder vorgetragen worden sind, auch die Bezeichnung des Urhebers bei der Aufführung oder dem Vortrage (I[a] § 7[3]).

b) Bei Kunstwerken und photographischen Werken die Angabe „auf" dem Werke, wenn auch nur durch „kenntliche Zeichen", z. B. Namenszug des Künstlers (II[a] § 9[1]).

Wer in der sub a oder b beschriebenen Art als Urheber genannt worden ist, der hat die Vermutung des Urheberrechts für sich (I[a] § 7[1, 3]; II[a] § 9[1]).

Das Urheberrecht an einem pseudonymen und an einem anonymen[1]) Werk wird gewahrt durch den Herausgeber, eventuell durch den Verleger[2]) (I[a] § 7[2]; II[a] § 9[2]).

Ein anonymes oder pseudonymes Literatur- oder Tonwerk kann in ein benanntes umgewandelt werden, wenn der Urheber oder sein Rechtsnachfolger innerhalb 30 Jahren von der ersten Veröffentlichung an den wahren Urhebernamen entweder in der

---

[1]) Ein anonymes Werk ist nicht das von einer juristischen Person des öffentlichen Rechts ohne Benennung des Urhebers veröffentlichte Werk (vgl. oben S. 8 zu N. 2).

[2]) Nach der Berner Konvention nur durch den Verleger. Er gilt als Rechtsnachfolger des Urhebers (Art. 11[2]).

gesetzlichen Weise (oben S. 9 Nr. III lit. a) nachträglich bekannt gibt, oder behufs Eintragung in die vom Stadtrate Leipzig für das ganze Reich geführte „Eintragungsrolle“ anmeldet (Iª § 31²).

IV. Das Urheberrecht steht (unbeschränkt) dem deutschen Urheber zu, gleichviel, ob sein Werk schon veröffentlicht worden ist oder nicht und gleichviel, ob es im Inlande oder im Auslande veröffentlicht wurde (Iª § 54; IIª § 51¹).

Der ausländische Urheber eines Literatur- oder Tonwerks hat das deutsche Urheberrecht für sein im Reiche erscheinendes Werk, soferne er nicht an einem früheren Tage das Original oder eine Übersetzung im Auslande hatte erscheinen lassen.

Die unter dieser Voraussetzung im Reiche erscheinende Übersetzung gilt dann als Original (Iª § 55¹˒²).

Der ausländische Urheber eines Kunst- oder photographischen Werks hat das deutsche Urheberrecht für sein im Reiche erschienenes Werk, sofern er es nicht an einem früheren Tage im Auslande hat erscheinen lassen (IIª § 51²).

Durch Staatsverträge kann den Ausländern ein umfassenderes Urheberrecht, als sie nach dem Gesetze haben, eingeräumt werden.

Der wichtigste Staatsvertrag dieser Art ist die erwähnte Berner Konvention vom 9. September 1886,[1]) abgeschlossen zwischen dem Deutschen Reich, Belgien, Frankreich, Großbritannien, Haiti, Italien,[2]) Spanien, Liberia, Schweiz, Tunis. Später traten bei: Dänemark, Japan, Luxemburg, Monaco, Norwegen, Schweden. Nicht beteiligt an der Konvention sind: Österreich-Ungarn, Portugal, die Vereinigten Staaten von Nordamerika, Rußland, Serbien, Bulgarien, Rumänien, Türkei, Ägypten, die Niederlande, und die spanisch-amerikanischen Freistaaten. Zur Ausführung der Konvention im Deutschen Reiche wurde das Gesetz vom 4. April 1888 (RGBl. S. 139) und die VO. vom 11. Juli 1888 (RGBl. S. 225) erlassen.[3])

Am 4. Mai 1896 erfolgte der Abschluß der Pariser „Zusatzakte“ zur Berner Konvention und die „Deklaration“ zur Erläuterung einzelner Bestimmungen der Berner Konvention (RGBl. 1897 S. 759 u. 769). Dazu vgl. die Kaiserl. VO. vom 29. November 1897 (RGBl. S. 787).

Zur Wahrung der Konvention und zur Förderung ihrer Absichten ist ein internationales Bureau in Bern errichtet worden (Art. 16).

---

[1]) Über deren Entstehungsgeschichte s. Kohler, Urheberrecht S. 401.
[2]) Vgl. aber Kohler a. a. O. S. 402.
[3]) Vgl. hiezu Kohler a. a. O. S. 419 ff.

Die Konvention bezieht sich nur auf Werke der Literatur, Tonkunst und bildenden Kunst (Art. 4 und Schlußprotokoll Nr. 1). Der Schwerpunkt der Konvention liegt in Art. 2 in der Fassung der Pariser Zusatzakte.[1]) Die einem Verbandsstaat angehörenden Urheber und ihre Rechtsnachfolger genießen danach in allen übrigen Verbandsstaaten für ihre Werke und zwar sowohl für die in einem andern Verbandsstaate zum ersten Male veröffentlichten, als auch für die unveröffentlichten die nämlichen Rechte, wie die inländischen Urheber eines Verbandsstaates, sofern dem Urheber das Urheberrecht nach dem Rechte des Ursprungslandes zusteht. Nachgelassene Werke genießen denselben Schutz (Art. 2 I, II, V).

Ursprungsland ist der Staat, in dem die erste Veröffentlichung erfolgt ist; bei gleichzeitiger Veröffentlichung in mehreren Verbandsstaaten der, dessen Recht dem Urheber das kürzerdauernde Urheberrecht gibt (Art. 2 III).

Für nicht veröffentlichte Werke ist Ursprungsland der Heimatstaat des Urhebers (Art. 2 IV).

Das Urheberrecht dauert in den übrigen Verbandsstaaten niemals länger als im Ursprungsland (Art. 2 II).

Gehört der Urheber nicht einem Verbandsstaat an, wohl aber der Verleger, so genießt dieser für das in einem Verbandsstaat veröffentlichte Werk das Urheberrecht (Art. 3).

§ 3.

Inhalt und Umfang.

Der Inhalt des Urheberrechts besteht im allgemeinen in der ausschließlichen Herrschaft des Urhebers über sein Werk, wohl zu unterscheiden von „Sache“.

Im einzelnen enthält diese Herrschaft folgende Befugnisse:

I. Der Urheber hat das ausschließliche Vervielfältigungsrecht in bestimmten Grenzen (I^a § 11, II^a § 15).

Das Verfahren der Vervielfältigung ist ohne Bedeutung. Es kann sein Druck, Autographie, Lithographie, Nachbildung von Kunstwerken in irgendwelchem Verfahren, Nachbauen nach Bauwerken oder nach Entwürfen (I^a § 15^I; II^a § 15^1 Satz 2, § 17).

Die Grenzen des ausschließlichen Vervielfältigungsrechts sind folgende:

---

[1]) Näheres bei Dernburg-Kohler § 9; Kohler, Urheberrecht S. 403 ff.

a) Die Vervielfältigung zum eigenen Gebrauch ohne Erwerbszweck ist zulässig mit Ausnahme des Nachbauens (I^a § 15; II^a § 18).

b) Wiedergabe eines Vortrags oder einer Rede, die Bestandteil einer öffentlichen Verhandlung waren, in Zeitungen oder in Zeitschriften ist zulässig.

c) Die Vervielfältigung von Vorträgen oder von Reden bei Verhandlungen der Gerichte, der politischen, kommunalen und kirchlichen Vertretungen ist in jeder Form zulässig.

In beiden Fällen b und c darf jedoch die Vervielfältigung nicht in einer Sammlung geschehen, die der Hauptsache nach Reden desselben Verfassers enthält (I^a § 17).

d) Zulässig ist Abdruck von Gesetzbüchern, Gesetzen, Verordnungen und anderen zum amtlichen Gebrauch hergestellten Schriftstücken, z. B. von Formularen (I^a § 16).

e) Zulässig ist die freie Benützung[1]) eines Werkes zur Herstellung einer eigentümlichen Neuschöpfung, z. B. Benützung einer Novelle zu einem Epos oder zu einem Drama (I^a § 13[1]; II^a § 16).

Jedoch darf keinesfalls die Melodie eines Tonwerks entnommen werden (I^a § 13[2]).

f) Zulässig ist der Abdruck von Zeitungsartikeln, die einen Vorbehalt des Urheberrechts nicht enthalten, sofern ihr Sinn durch den Abdruck nicht entstellt wird (I^a § 18[1]).

Zulässig ist schlechthin der Abdruck „vermischter Nachrichten tatsächlichen Inhalts und von Tagesneuigkeiten" aus Zeitungen und aus Zeitschriften. Ein Vorbehalt des Urheberrechts wäre hier bedeutungslos (I^a § 18[3]).

Dagegen ist unzulässig der Abdruck von Ausarbeitungen wissenschaftlichen, technischen oder unterhaltenden Inhalts, selbst wenn dem Artikel der Vorbehalt des Urheberrechtes fehlt (I^a § 18[2]).

Nach der Berner Konvention (Art. 7) können Zeitungsartikel in jedem Vertragsstaate in Original oder in Übersetzung abgedruckt werden, wenn nicht der Urheber oder der Herausgeber dies untersagt hat. Der Abdruck von politischen Artikeln darf ebensowenig verboten werden, wie der von vermischten Nachrichten und Tagesneuigkeiten.

g) Zulässig ist:

1. wörtliche Anführung einzelner Stellen in einem sonst selbständigen Werke (Zitierfreiheit),

2. wörtliche Aufnahme von Gedichten oder kleinen Aufsätzen in eine sonst selbständige Arbeit, (Kleinzitat)

---

[1]) Über diesen Begriff s. RG. Bd. 63 S. 158 ff.

3. wörtliche Aufnahme von Gedichten in eine Sammlung für Gesangsvorträge,

4. wörtliche Aufnahme von Zitaten, Gedichten und kleineren Aufsätzen in eine Sammlung zum Kirchen-, Schul- und Unterrichtsgebrauch oder in ein Werk von eigentümlichem literarischen Zweck, z. B. „Darstellung der zeitgenössischen Lyrik, Romanliteratur" rc.

In diesem Falle ist jedoch Zustimmung des Urhebers selbst notwendig. Fiktion der Einwilligung findet statt, wenn nicht Widerspruch binnen eines Monats erfolgt seit der an den Urheber gerichteten Mitteilung der Aufnahmeabsicht des Herausgebers der Sammlung (I^a § 19 Nr. 4).

h) Zulässig ist die Verwendung von kleineren Gedichten oder Gedichtsteilen zu Musiktexten und zwar für den Gebrauch der Hörer bei Aufführung des Musikwerkes auch die Wiedergabe ohne Musik. Ausgenommen: Dichtungen, die ihrer Gattung nach zur Komposition bestimmt sind (Operntexte) (I^a § 20).

i) Zulässig ist die Anführung einzelner Stellen eines Tonwerks in einer selbständigen literarischen Arbeit, z. B. in einer Geschichte der Oper.

Ferner Aufnahme kleinerer Kompositionen in eine solche literarische Arbeit oder in eine für den Schulunterricht bestimmte Sammlung, ausgenommen den Unterricht in Musikschulen (I^a § 21).

k) Zulässig ist Übertragung eines Tonwerks auf automatische Instrumente, wenn diese nicht das Werk in Tonstärke, Dauer und Tempo nach Art eines persönlichen Vortrags wiedergeben.

Beispiele: Ariston, Herophon, Spieldose. Dagegen: Grammophon, Musikautomat, Pianola (I^a § 22).

l) Zulässig ist die Entnahme von Abbildungen aus einem erschienenen Schriftwerke für ein Schriftwerk ausschließlich zum Zweck der Erläuterung seines Inhalts (I^a § 23).

In den Fällen g^2—l (Entlehnungsfreiheit) ist Quellenangabe in deutlicher Weise geboten (I^a § 25).

Regelmäßig darf in diesen Fällen auch an den benützten Teilen des fremden Werkes keine Änderung vorgenommen werden.

Für besondere Fälle sind gewisse Aenderungen bald ohne, bald mit Einwilligung des Urhebers gestattet [1]) (I^a § 24).

---

[1]) Ohne Einwilligung: für Übersetzungen, soweit es der Zweck der Wiedergabe erfordert und für solche Bearbeitungen eines Ton-

In dem Umfange der Zitier- bzw. Entlehnungsfreiheit ist Verbreitung, öffentliche Aufführung und öffentlicher Vortrag in den Fällen g1—l gestattet (I^a § 26).

Öffentliche Aufführung von erschienenen Tonwerken ohne Text ist außerdem erlaubt:

1. zu nicht gewerblichem Zwecke bei unentgeltlicher Zulassung der Hörer,

2. bei Volksfesten, die nicht Musikfeste sind,

3. zu ausschließlich wohltätigem Zweck bei Unentgeltlichkeit der Mitwirkung,

4. bei Vereinsaufführungen mit ausschließlicher Zulassung der Mitglieder und ihrer Angehörigen (I^a § 27).

m) Zulässig ist bei Kunstwerken und Photographien:[1])

1. Vervielfältigung von Personenbildnissen durch den Besteller[2]) und seinen Rechtsnachfolger, wenn nichts anderes vereinbart ist.

Ist das Bildnis ein Kunstwerk, so darf jedoch die Vervielfältigung bei Lebzeiten des Urhebers nur durch Photographie erfolgen (II^a § 18^2).

Aber der Name oder eine sonstige Bezeichnung des Urhebers darf auf der Vervielfältigung nicht in einer zu Verwechslungen[3]) Anlaß gebenden Weise angebracht werden (II^a § 18^3).

Der Name oder der Namenszug des Urhebers darf übrigens auch auf dem Original eines Kunst- oder eines Photographiewerkes nur mit Einwilligung des Urhebers angebracht werden.[4])

2. die Aufnahme eines einzelnen Werkes in eine selbständige wissenschaftliche Arbeit oder in ein für Schul- oder Unterrichtsgebrauch bestimmtes Schriftwerk zum ausschließlichen Erläuterungszweck, jedoch nur bei deutlicher Quellenangabe (II^a § 19).

3. die Vervielfältigung von Werken, die bleibend an öffentlichen Wegen, Straßen oder Plätzen sich befinden, durch malende,

---

werkes, die nur Auszüge oder Übertragungen in eine andere Tonart oder Stimmlage oder zulässige Übertragungen der unter k genannten Art darstellen.

Nur mit Einwilligung: für Aufnahme von einzelnen Aufsätzen, einzelnen Gedichten oder kleineren Teilen eines Schriftwerks in eine Sammlung zum Schulgebrauch (oben g^4).

Fiktion der Einwilligung wie oben g^4.

[1]) Zum folgenden: Kohler, Kunstwerkrecht.

[2]) Der nicht der Abgebildete zu sein braucht.

[3]) D. h. zu der Vorstellung, als sei die Vervielfältigung das Original.

[4]) Das ist nicht mehr eine Bestimmung zum Schutz des Urheberrechts, sondern eine solche zum Schutze des Persönlichkeitsrechtes des Urhebers.

zeichnende Kunst oder durch Photographie, bei Bauten jedoch nur mit Beschränkung auf die äußere Ansicht (IIa § 20),

In den Fällen Nr. 2 und 3 dürfen an dem wiedergegebenen Werke keine Änderungen vorgenommen werden außer Übertragung in andere Größe und durch das Vervielfältigungsverfahren gebotene (IIa § 21).

II. Der Urheber hat das ausschließliche Recht der gewerbsmäßigen Verbreitung des Werkes und der Urheber von Kunstwerken und Photographien auch das ausschließliche Recht der gewerbsmäßigen Vorführung mittelst mechanischer oder optischer Einrichtungen.[1])

Das Verleihen[2]) fällt keinesfalls unter den Begriff der gewerbsmäßigen Verbreitung (Ia § 11¹; IIa § 15¹).

Die ausschließlichen Rechte I und II erstrecken sich bei Schrift- und Tonwerken auch auf die Bearbeitung, insbesondere:

α) auf die Übersetzung in eine andere Sprache oder Mundart, selbst wenn sie in gebundener Form abgefaßt wird,[3])

β) auf die Rückübersetzung,

γ) auf die Wiedergabe einer Erzählung in dramatischer Form oder eines Bühnenwerks in Form einer Erzählung,[4])

δ) auf Herstellung von Auszügen aus Tonwerken sowie auf Einrichtungen solcher Werke für einzelne oder mehrere Instrumente oder Stimmen, soweit nicht Entlehnungsfreiheit besteht, s. oben Nr. I, i, k (Ia § 12).

Die ausschließlichen Rechte an Werken, die selbst Nachbildungen von Kunstwerken oder von Photographien sind, dürfen solange nicht ausgeübt werden, als der Urheber des Originals berechtigt ist, wenn er nicht seine Einwilligung gibt (IIa § 12²).

III. Besondere Bestimmungen über Bildnisse (Persönlichkeitsschutz):

---

[1]) Durch Projektionsapparate, Stereoskope u. dgl.

[2]) Im Sinne des § 598 BGB.; vgl. Kohler, Urheberrecht S. 177 Nr. 10. Dagegen Dernburg-Kohler S. 62 Nr. 5. Die Berufung des letzteren auf den Sprachgebrauch von „verleihen" mag bei Auslegung von Rechtsgeschäften zutreffen, nicht bei der von Gesetzen.

[3]) Nach der Berner Konvention Art. 5 erlischt jedoch das ausschließliche Übersetzungsrecht, wenn der Urheber davon nicht innerhalb zehn Jahren von der ersten Veröffentlichung des Originales an in der Weise Gebrauch gemacht hat, daß er in einem Verbandsstaate eine Übersetzung selbst veröffentlichte oder veröffentlichen ließ.

[4]) Nicht zu verwechseln mit der oben I e erwähnten „freien Benützung", „Umformung".

Ihre Verbreitung[1]) ist nur mit Einwilligung des Abgebildeten zulässig. Desgleichen die öffentliche Schaustellung. Wird der Abgebildete für Gestattung seiner Abbildung entlohnt,[2]) so ist die Einwilligung im Zweifel als erteilt anzusehen. Nach dem Tode des Abgebildeten ist Einwilligung seiner Angehörigen, d. h. Ehegatte, Kinder — eventuell Eltern, 10 Jahre lang erforderlich (IIª § 22).

Ausnahmen bestehen für:

1. Bildnisse aus dem Bereiche der Zeitgeschichte.

2. Bilder, auf denen die Personen nur als Beiwerk neben Landschaft oder Örtlichkeit erscheinen.[3])

3. Bilder von Versammlungen, Aufzügen und ähnlichen Vorgängen, an denen die dargestellten Personen teilgenommen haben.

4. Unbestellte Bildnisse, sofern ihre Verbreitung oder Schaustellung einem höheren Interesse der Kunst dient.[4])

Doch fallen diese Ausnahmen weg, sofern durch sie ein berechtigtes Interesse des Abgebildeten oder — nach seinem Tode — seiner Angehörigen verletzt würde (IIª § 23).

5. Für die Zwecke der Rechtspflege und der öffentlichen Sicherheit, sofern die zuständigen Behörden Bildnisse ohne Einwilligung des Urhebers, des Abgebildeten oder seiner Angehörigen vervielfältigen, verbreiten und öffentlich zur Schau stellen dürfen[5]) (IIª § 24).

§ 4.

Übertragung des Urheberrechts.

a) Im allgemeinen.

Das Urheberrecht kann auf einen neuen Berechtigten übertragen werden kraft Gesetzes, durch Rechtsgeschäft und auf dem Wege der Zwangsvollstreckung gegen den Urheber.

I. Kraft Gesetzes geht das Urheberrecht auf die Erben des Urhebers über. Wenn aber der Fiskus oder eine andere juristische

---

[1]) Auch die nicht gewerbsmäßige.

[2]) Das Modell des Künstlers.

[3]) Staffage: Kohler, Kunstwerkrecht S. 163 VII, 1.

[4]) Kohler, Kunstwerkrecht S. 163 Nr. VII 2: „Benützung einer Person zur Erreichung eines Ideal- oder Typenbildes“.

[5]) Verbrecherbildnisse, Bildnisse eines steckbrieflich Verfolgten.

Person gesetzlicher Erbe des Urhebers ist, dann erlischt das Urheberrecht[1]) (I^a § 8^{1 u. 2}; II^a § 10^{1 u. 2}).

II. Durch Rechtsgeschäft kann das Urheberrecht unbeschränkt oder beschränkt übertragen werden. Die Beschränkung kann beliebig vereinbart werden, z. B. kann das Übersetzungsrecht ausgeschlossen werden oder das Aufführungsrecht oder die Nachbildung in bestimmtem Verfahren, oder es kann die Vervielfältigung auf eine bestimmte Zahl von Exemplaren beschränkt werden oder die Verbreitung auf ein bestimmtes Gebiet (I^a § 8^3; II^a § 10^3).

Die Beschränkung kann auch darin bestehen, daß nur ein Pfandrecht oder ein Nießbrauch eingeräumt wird, oder daß der neue Erwerber die Befugnisse des Urhebers zwar soll ausüben dürfen, jedoch nicht ausschließlich.[2]) Die Übertragung gibt dem neuen Erwerber im Zweifel nicht das Recht, an dem Werke, seiner Bezeichnung oder der Bezeichnung des Urhebers Änderungen vorzunehmen.

Jedoch sind solche Änderungen zulässig, für die der Berechtigte seine Einwilligung nach Treu und Glauben nicht versagen kann[3]) (I^a § 9; II^a § 12).

Die rechtsgeschäftliche Übertragung kann durch jedes Veräußerungsgeschäft geschehen: Schenkung, Kauf, Tausch,[4]) Verlagsvertrag.[5])

Die Veräußerung des Eigentumsrechts an der Sache, die das Werk darstellt, ist als solche nicht Veräußerung des Urheberrechts (II^a § 10^4).

III. Auf dem Wege der Zwangsvollstreckung, d. h. dadurch, daß das Vollstreckungsgericht auf Antrag eines Gläubigers des Urhebers das Urheberrecht veräußern läßt (ZPO. § 857^5).

Diese Zwangsvollstreckung ist jedoch nicht ohne weiteres zulässig. Sie setzt voraus:

---

[1]) Ob es durch Verheiratung des Urhebers mit Gütergemeinschaft Bestandteil des Gesamtgutes wird, ist bestritten: Dernburg-Kohler S. 48 N. 1; Kohler, Urheberrecht S. 641 f. Da es richtiger Meinung nach Vermögensrecht ist, nehme ich keinen Anstand die Frage mit Dernburg zu bejahen.

[2]) Erteilung einer bloßen Lizenz.

[3]) Z. B. ein naturwissenschaftliches Werk enthält in erster Auflage eine Darstellung, die durch neuere Forschungen als unrichtig dargetan wird. Das Urheberrecht wird übertragen. In der 2. Auflage ändert der Erwerber die unrichtige Darstellung den Ergebnissen der neueren Forschung gemäß.

[4]) Vgl. BGB. § 413.

[5]) Darüber s. den folgenden Paragraphen.

1. gegen den Urheber selbst dessen Einwilligung; durch seinen gesetzlichen Vertreter kann sie nicht erteilt werden;

2. gegen die Erben des Urhebers ihre Einwilligung, wenn das Werk oder eine Vervielfältigung noch nicht erschienen ist (I^a § 10; II^a § $14^{1,2}$).

Bei Kunst- und Photographiewerken gilt diese Beschränkung der Vollstreckung auch für die Vollstreckung in Formen, Platten, Steine und sonstige ausschließlich zur Vervielfältigung des Werkes bestimmten Vorrichtungen (II^a § 14^3).

§ 5.

b) Der Verlagsvertrag.[1]

Der Verlagsvertrag ist der gegenseitige Vertrag, durch den sich der Verfasser eines Werkes oder ein Dritter einem Anderen (Verleger) gegenüber verpflichtet, ihm das Werk zur Vervielfältigung und Verbreitung für dessen eigene Rechnung zu überlassen und der Andere (Verleger) zur Vervielfältigung und Verbreitung sich verpflichtet (I^b §§ 1, 48).[2]

Der Kürze halber soll fernerhin der Verfasser sowohl wie der Dritte, der mit dem Verleger den Verlagsvertrag abschließt, als „Verlaggeber" bezeichnet werden.

Durch den Verlagsvertrag wird ein dauerndes Rechtsverhältnis zwischen den Vertragschließenden begründet. Aus diesem Rechtsverhältnis ergeben sich Verbindlichkeiten des Verlaggebers und des Verlegers für die Dauer des Verhältnisses.

I. Verbindlichkeiten des Verlaggebers.

1. Er muß sich nach Maßgabe des Urheberrechts der eigenen Vervielfältigung und Verbreitung enthalten.

Besteht für das Werk ein Urheberrecht nicht, so fällt diese Beschränkung des Verlaggebers nach 6 Monaten seit Veröffentlichung des Werkes durch den Verleger weg (I^b § 39^3).

Die Beschränkung des Verlaggebers erstreckt sich nicht auf:

a) Übersetzung,

---

[1]) Ges. I^b vom 29. Juni 1901. Über die Entstehungsgeschichte: Dernburg-Köhler S. 132. Die Bestimmungen des Verlagsgesetzes sind dispositives Recht und haben daher keine rückwirkende Kraft: RG. Bd. 54 S. 435 ff.

[2]) Reichsgesetzlich geregelt ist der Verlagsvertrag nur, soweit er literarische oder musikalische Werke betrifft.

b) Dramatisierung einer Erzählung und erzählende Wiedergabe eines Dramas,

c) Bearbeitung eines musikalischen Werkes.[1])

Nach Ablauf von 20 Jahren vom Ablauf des Kalenderjahres des Erscheinens darf der Verfasser jedenfalls das Werk in eine „Gesamtausgabe" seiner Werke aufnehmen (I^b § 2).

Beiträge zu einem Sammelwerke dürfen, wenn ein Vergütungsanspruch ihretwegen nicht besteht, schon nach einem Jahre anderweit verwertet werden (I^b § 3).

2. Der Verlaggeber ist dem Verleger zur Verschaffung des Verlagrechts verpflichtet, d. h. zur Verschaffung des ausschließlichen Vervielfältigungs- und Verbreitungsrechtes, sofern ein Urheberrecht an dem Werke besteht (I^b § 39 Abs. 1).

Arglistige Verschweigung des Umstandes, daß das Werk schon anderweit verlegt oder veröffentlicht worden ist, hat dieselbe Haftung zur Folge, wie arglistige Mängelverschweigung beim Kaufe (I^b § 39²; BGB. § 463).

3. Der Verlaggeber ist verpflichtet, das Werk in einem für die Vervielfältigung geeigneten Zustand[2]) abzuliefern (I^b § 10) und zwar ein fertiges Werk sofort, ein erst herzustellendes in einer den Umständen angemessenen, insbesondere einer dem Zweck des Werkes entsprechenden[3]) Frist (I^b § 11).

Mit der Ablieferung entsteht das Verlagsrecht und ist geschützt wie das Urheberrecht (I^b § 9).

Bei nicht rechtzeitiger Ablieferung finden die Bestimmungen des BGB. über nicht rechtzeitige Herstellung des bestellten Werkes entsprechende Anwendung (I^b § 30; BGB. § 636).

Das gleiche gilt, wenn das Werk nicht die vertragsmäßige Beschaffenheit hat (I^b § 31¹).

Ist der Verlaggeber dafür verantwortlich, so kann der Verleger Schadensersatz verlangen, statt zurückzutreten (I^b § 31²; BGB. § 635).

4. Nimmt der Verlaggeber nach Beginn der Vervielfältigung Änderungen an dem Werke vor, die über das übliche Maß hinausgehen, so hat er dem Verleger die Mehrkosten zu erstatten, es sei

[1]) D. h. der Verlaggeber begibt sich durch den Verlagsvertrag über sein Werk nicht des Rechtes der Übersetzung, Umformung, Bearbeitung.

[2]) Es muß daher lesbar geschrieben sein.

[3]) Das wäre z. B. nicht der Fall, wenn die Kritik eines Gesetzentwurfes in Verlag gegeben, aber erst nach Publikation des Gesetzes abgeliefert würde.

denn, daß die Änderungen durch veränderte Umstände geboten waren[1]) (I^b § 12^3).

5. Nach Untergang des abgelieferten Werkes ist der Verlaggeber verpflichtet, auf Verlangen ein wesentlich übereinstimmendes Werk neu zu liefern, *wenn dies mit geringer Mühe möglich ist* (I^b § 33 Abs. 2).

II. *Verbindlichkeiten des Verlegers.* Diese sind:

1. *Unterlassungs*pflichten:

a) Der Verleger darf ein Einzelwerk für eine Gesamtausgabe oder für ein Sammelwerk nicht verwenden, sowie umgekehrt Teile einer Gesamtausgabe oder eines Sammelwerkes nicht für eine Sonderausgabe, soferne dies nicht nach *Urheberrecht jedermann* freisteht (I^b § 4).

b) Der Verleger darf eine neue Auflage nicht veranstalten, es sei denn, daß sie im Verlagsvertrage gestattet wurde, oder daß es sich um ein Werk handelt, an dem kein Urheberrecht besteht.

Eine Auflage darf in Ermangelung anderweiter Vertragsbestimmung nur 1000 Abzüge umfassen. Wenn aber der Verleger dem Verlaggeber gegenüber vor dem Beginn der Vervielfältigung eine geringere Zahl *bestimmt*[2]) hatte, so bildet diese die Grenze (I^b §§ 5, 40).

In die Höchstzahl werden aber nicht eingerechnet: die *geschäftsüblichen Zuschußexemplare* und die *Freiexemplare*, soferne sie nicht den 20. Teil der Höchstzahl übersteigen.

Die *Zuschußexemplare* dürfen *nur* zum Ersatze verlorener oder zur Ergänzung beschädigter Exemplare *verbreitet* werden (I^b § 6).

Untergegangene Exemplare *aus dem Lager des Verlegers* darf dieser nach Anzeige an den Verlaggeber durch andere ersetzen (I^b § 7).

c) Der Verleger muß sich jeder Veränderung am Werke, am Titel und der Bezeichnung des Urhebers enthalten, außer soweit die Versagung des Einverständnisses seitens des Urhebers gegen Treu und Glauben verstieße (I^b § 13).

d) Der Verleger darf keine *Erhöhung* des Ladenpreises ohne Einwilligung des Verlaggebers vornehmen und keine *Ermäßigung*, wenn sie berechtigte Interessen des letzteren verletzt (I^b § 21).

---

[1]) Beispiel: Zivilprozeßkommentar. Novelle zur ZPO. erscheint, nachdem bereits der Kommentar zum *alten* Recht gesetzt war.

[2]) Durch *einseitige* Mitteilung.

2. Positive Handlungspflichten.

Der Verleger ist verpflichtet:

a) Zu zweckentsprechender und üblicher Vervielfältigung und Verbreitung. Form und Ausstattung hat der Verleger zu bestimmen unter Berücksichtigung der im Verlagshandel herrschenden Übung, des Zweckes und des Inhaltes des Werkes (I^{b} § 14).

Beginnen muß die Vervielfältigung sofort nach Ablieferung des vollständigen Werkes; erscheint es in Abteilungen, dann sofort nach Ablieferung der zum Erscheinen bestimmten Abteilung (I^{b} § 15).

Bei Neuauflagen eines Sammelwerkes darf der Verleger mit Zustimmung des Verlaggebers, d. i. hier des Herausgebers, (s. oben § 2 Nr. II 3) einzelne Beiträge weglassen (I^{b} § 19).

Nach Untergang des abgelieferten Werkes ist er verpflichtet zur Vervielfältigung eines neuen, im wesentlichen übereinstimmenden, vom Verlaggeber angebotenen Werkes (I^{b} § 33^{2}).

Verletzung dieser Pflichten gibt dem Verlaggeber entsprechende Befugnisse, wie sie der Verleger bei nicht rechtzeitiger Ablieferung hat (I^{b} §§ 32, 30 oben Nr. I, 3).

Die Verpflichtung zur Vervielfältigung und Verbreitung besteht aber im Zweifel nicht:

α) wenn das Werk nach einem Plan des Verlegers hergestellt ist, der Inhalt des Werkes und Art der Behandlung des Stoffes genau vorschreibt;[1])

β) wenn sich die Tätigkeit des Verfassers beschränkt auf Mitarbeit an enzyklopädischen Unternehmungen oder auf Hilfs- bzw. Nebenarbeiten für das Werk eines anderen oder für ein Sammelwerk, z. B. Registerherstellung (I^{b} § 47).

b) Zur Herstellung der erlaubten Zahl von Abzügen (I^{b} § 16).

c) Zur Korrektur der Abzüge und Vorlage eines Abzuges an den Verlaggeber zur Durchsicht. Der vorgelegte Abzug gilt als genehmigt, wenn ihn nicht der Verlaggeber gegenüber dem Verleger in angemessener Frist beanstandet (I^{b} § 20).

d) Zur Zahlung der vereinbarten Vergütung. In Ermanglung einer Vereinbarung gilt eine angemessene Vergütung in Geld als vereinbart, wenn nach den Umständen unentgeltliche Überlassung des Werkes nicht zu erwarten ist (I^{b} § 22).

Die Vergütung ist fällig bei der Ablieferung, außer wenn

---

[1]) Z. B. der Verleger läßt einen Lagerkatalog seines eigenen Bücherlagers herstellen.

sie unbestimmt gelassen oder vom Umfange des Werkes abhängig gemacht worden ist. In solchen Fällen tritt die Fälligkeit erst mit Vollendung der Vervielfältigung ein (I^b § 23).

Der Vergütungsanspruch bleibt dem Verlaggeber, auch wenn das Werk nach der Ablieferung oder nach Annahmeverzug des Verlegers durch Zufall untergeht (I^b § $33^{1,3}$).

e) Zur Rechnungslegung für jedes vergangene Geschäftsjahr und zur Gestattung der erforderlichen Einsicht der Geschäftsbücher, wo die Vergütung nach dem Absatz festgesetzt wurde (I^b § 24).

f) Zur Lieferung von je 1 Freiexemplar von 100 und von höchstens 15 bei Literaturwerken. Auf Verlangen ist 1 Freiexemplar in Aushängebogen zu liefern. Von musikalischen Werken ist die übliche Anzahl von Freiexemplaren zu liefern (I^b § 25).

g) Zur Überlassung der verfügbaren Exemplare an den Verlaggeber zum niedrigsten Preise, zu dem der Verleger sie in seinem Geschäftsbetrieb abgibt (I^b § 26).

h) Zur Rückgabe des Werkes nach der Vervielfältigung, wenn der Verlaggeber sich dies vor ihrem Beginn vorbehielt (I^b § 27) vgl. ferner: Nr. III, 1.

III. Dauer des Verlagsverhältnisses.

Das Verlagsverhältnis endigt:

1. Durch Eintritt des im Vertrage bestimmten Zeitpunktes und zwar:

a) wenn der Vertrag auf bestimmte Zeit geschlossen wurde, mit Ablauf dieser Zeit. Dann dürfen auch die noch vorhandenen Exemplare vom Verleger nicht mehr verbreitet werden (I^b § 29^3).

b) wenn der Vertrag auf eine bestimmte Zahl von Auflagen oder von Abzügen beschränkt ist, mit dem Zeitpunkte, wo diese vergriffen sind. Darüber, ob dies der Fall, muß der Verleger dem Verlaggeber auf Verlangen Auskunft erteilen (I^b § $29^{1,2}$).

2. Durch Rücktritt. Dieser steht zu:

A. Dem Verlaggeber:

a) wenn der Verleger von dem Rechte zur Veranstaltung einer neuen Auflage innerhalb einer angemessenen, vom Verlaggeber gesetzten Frist keinen Gebrauch macht, oder wenn er die Veranstaltung verweigert (I^b § 17).

b) wenn der Verleger seiner vertragsmäßigen Vervielfältigungs- und Verbreitungspflicht nicht genügt (I^b § 32).

c) wenn sich vor Beginn der Vervielfältigung einer Auflage unvorhergesehene Umstände ergeben, die den Verlaggeber bei verständiger Würdigung des Falles von der Veröffentlichung abgehalten hätten.[1])

Diesfalls ist der Verlaggeber zum Ersatz der Aufwendungen des Verlegers verpflichtet.

Läßt der Verlaggeber binnen Jahresfrist seit dem Rücktritt das Werk dann trotzdem anderweit erscheinen, so ist er dem Verleger zum Schadensersatz wegen Nichterfüllung verpflichtet, sofern nicht etwa der Verleger den Antrag auf nachträgliche Vertragserfüllung abgelehnt hatte (I^b § 35).

d) wenn der Verleger in Konkurs gerät und mit der Vervielfältigung des Werkes noch nicht begonnen worden ist (§ 36^3).

B. Dem Verleger:

a) wegen nicht rechtzeitiger Ablieferung des Werkes nach Maßgabe der Bestimmungen über den Rücktritt vom Werkvertrag bei nicht rechtzeitiger Herstellung des Werkes (I^b § 30; BGB. § 636).

b) wegen nicht vertragsmäßiger Beschaffenheit des Werkes (I^b § 30^1).

Wenn der Verlaggeber den Mangel des Werkes zu vertreten hat, so kann der Verleger statt des Rücktrittsrechtes den Anspruch auf Schadensersatz wegen Nichterfüllung geltend machen (I^b § 30^2).

C. Dem Konkursverwalter im Konkurse des Verlegers (I^b § 36^1; KO. § 17), auch wenn das Werk schon vor Konkursbeginn vollständig abgeliefert worden war.

Der Rücktritt unterliegt den Vorschriften des BGB. über den vorbehaltenen Rücktritt (BGB. §§ 346—356). Der Gegner des Zurücktretenden hat nur seine Bereicherung zurückzugeben, wenn er für den Rücktritt nicht verantwortlich ist (I^b § 37).

War das Werk zur Zeit des Rücktritts schon ganz oder teilweise abgeliefert, so hängt es von den Umständen ab, ob der Vertrag teilweise aufrechterhalten bleibt. Das gilt auch von dem vorbehaltenen Rücktritt. Im Zweifel bleibt der Vertrag insoweit bestehen, als er sich auf Abzüge bezieht, die nicht mehr der Verfügung des Verlegers unterstehen, oder auf frühere Abteilungen des Werkes oder auf ältere Auflagen. Der Verlaggeber hat dann eine verhältnismäßige Vergütung zu beanspruchen.

Alles dies gilt auch, wenn der Vertrag in anderer Weise rückgängig wird, z. B. wegen Unmöglichkeit der Erfüllung oder Ein-

---

[1]) Z. B. das Schriftwerk stellt eine Lehre dar, die durch eine neue Entdeckung überholt ist.

tritts der auflösenden Bedingung oder des Endtermins, unter denen der Vertrag geschlossen wurde (I^b § 38).

3. Durch Kündigung von Seite des Verlegers, wenn nach dem Vertragsschluß der Zweck des Werkes wegfällt, oder wenn die Vervielfältigung des Sammelwerkes unterbleibt, zu dem das Werk ein Beitrag sein sollte.

Der Vergütungsanspruch des Verlaggebers bleibt hier in voller Höhe bestehen.

Die Kündigung unterscheidet sich vom Rücktritt dadurch, daß die Vertragschließenden auf Grund der ersteren nicht verpflichtet sind, sich die empfangenen Leistungen zurückzugewähren (I^b § 18).

4. Durch kasuellen Untergang des Werkes nach der Ablieferung oder nach Annahmeverzug des Verlegers. Der Vergütungsanspruch des Verlaggebers bleibt jedoch bestehen. Aber der Verleger kann Neuherstellung eines im wesentlichen gleichen Werkes verlangen, wenn dies auf Grund vorhandener Vorarbeiten oder anderer Unterlagen mit geringer Mühe geschehen kann (II^b § 33).

5. Durch den Tod des Verlaggebers vor Vollendung des Werkes. Doch kann der Verleger, wenn bereits ein Teil des Werkes abgeliefert worden war, für diesen Teil den Vertrag aufrecht erhalten durch Erklärung gegenüber dem Erben.

Der Erbe kann dem Verleger zur Erklärung eine angemessene Frist bestimmen, nach deren fruchtlosem Ablaufe das Recht des Verlegers erlischt.

Das gleiche gilt, wenn die Vollendung des Werkes aus einem sonstigen Grunde unmöglich wird, für den der Verlaggeber nicht verantwortlich ist[1]) (I^b §§ 34, 48).

IV. Übertragung des Verlagsrechts.

Das Verlagsrecht ist übertragbar, wenn nicht die Übertragung im Verlagsvertrag ausgeschlossen wurde.

Zur Übertragung bedarf es aber bei Einzelwerken der Zustimmung des Verlaggebers, der sie jedoch nur aus wichtigen Gründen verweigern darf. Sie gilt als erteilt, wenn sie nicht innerhalb zweier Monate von der Aufforderung des Verlegers an verweigert wurde (I^b §§ 28^1, 48).

Dem rechtmäßigen Rechtsnachfolger des Verlegers gegenüber muß sich der Verlaggeber die Vervielfältigung und die Verbreitung des Werkes gefallen lassen. Hat der Rechtsnachfolger dem Ver-

---

[1]) Z. B. Erkrankung des Verfassers.

leger gegenüber sich zur Vervielfältigung und zur Verbreitung verpflichtet, so haftet er unmittelbar dem Verlaggeber als Gesamtschuldner aus dem Verlagsvertrage neben dem Verleger, ausgenommen die Schadensersatzverpflichtung, die zur Zeit der Rechtsnachfolge schon begründet war (I^b § 28^2).

Im Konkurse des Verlegers kann der Konkursverwalter in den Verlagsvertrag eintreten, wenn mit der Vervielfältigung des Werkes schon begonnen worden war. Der Verwalter kann das Verlagsrecht, wie der Verleger selbst, veräußern. Dann haftet aber die Konkursmasse wie ein Bürge ohne die Einrede der Vorausklage für den Erwerber.

Bei Aufhebung des Konkurses sind diese Ansprüche des Verlaggebers sicherzustellen (I^b § $36^{1\,u.\,2}$).

V. Besondere Bestimmungen für den Verlagsvertrag mit Zeitungs- und Zeitschriften-Verlegern über die Aufnahme von Beiträgen:

1. Der Verfasser darf über den Beitrag anderweitig verfügen, sofern nicht aus den Umständen sich die Einräumung des ausschließlichen Verlagsrechtes ergibt. Der Verfasser eines Zeitungsartikels darf es auch in diesem Falle, sobald der Artikel erschienen ist. Über sonstige Beiträge darf in diesem Falle verfügt werden nach Ablauf des Kalenderjahres des Erscheinens (I^1 § 42; cf. oben Nr. I 1).

2. Der Verleger ist in der Zahl der Abzüge der Zeitung rc. nicht beschränkt (cf. oben Nr. II 1 b).

Korrekturabzüge braucht er nicht vorzulegen (cf. oben Nr. II 2 c; I^b § 43).

3. Soll der Name des Verfassers nicht genannt werden, so ist der Verleger zu üblichen Änderungen befugt (I^b § 44; cf. oben § 4 Nr. II).

4. Der Verlaggeber hat einen Anspruch auf Vervielfältigung und Verbreitung seines Beitrages oder auf Schadensersatz wegen Nichterfüllung nur, wenn der Verleger einen Zeitpunkt für das Erscheinen bezeichnet hatte (cf. oben Nr. II 2 a).

Sonst kann der Verlaggeber, unbeschadet seines Vergütungsanspruchs, den Verlagsvertrag kündigen, wenn der Beitrag nicht binnen Jahresfrist nach der Ablieferung veröffentlicht worden ist (I^b § 45).

5. Freiexemplare eines Zeitungsartikels können nicht verlangt werden. Der Verlaggeber kann Abzüge zum Buchhändlerpreise nicht beanspruchen (I^b § 46; cf. oben Nr. II 2 f).

§ 6.

Rechtsschutz.

Der Urheber hat ein Klagerecht gegen jedermann, der sein Recht bedroht, auf Feststellung gemäß ZPO. § 256, ferner gegen jedermann, der sein Recht vorsätzlich oder fahrlässig verletzt, ein Klagerecht auf Schadensersatz und — wenn wiederholte Verletzung zu besorgen ist —, auf Unterlassung künftiger Verletzung (I[a] §§ 36, 37; II[a] § 31).

Das letztere ist zwar in den Gesetzen nicht ausdrücklich gesagt, ergibt sich aber aus der Natur des Urheberrechtes als eines absoluten Rechtes (BGB. § 823; vgl. RG. Bd. 48 S. 118; Bd. 56 S. 286; Bd. 60 S. 6 ff.; Bd. 61 S. 369; Eltzbacher, Die Unterlassungsklage S. 90 ff., 137 ff.; Lehmann, Die Unterlassungspflicht im bürgerl. Recht § 18; Enneccerus, Lehrbuch des bürgerl. Rechts [3. Aufl.] § 465; Endemann, Lehrbuch des bürgerl. Rechts [8. Aufl.] I § 201 Nr. 1).

Gewisse Urheberrechtsverletzungen sind auch als strafbare Handlungen erklärt worden. Das sind:

1. die zum Erwerbszweck vorgenommene unbefugte mechanische Vervielfältigung eines Schrift- oder eines Tonwerkes, der sog. Nachdruck, worunter auch Zuvieldruck und unbefugter Neudruck fällt, sowie die gewerbsmäßige Verbreitung (I[a] § 38 Nr. 1; vgl. mit I[a] §§ 15 ff. und oben § 3 a—l);

2. die unbefugte öffentliche Aufführung eines dramatischen oder eines musikalischen Werkes, oder einer unzulässigen dramatischen Bearbeitung, sowie der öffentliche Vortrag und die vorsätzliche sonstige öffentliche Mitteilung des wesentlichen Inhalts eines nicht veröffentlichten Werkes (I[a] §§ 38 Nr. 2, 39; vgl. § I[a] § 12 Nr. 3);

3. die unbefugte, vorsätzliche Vervielfältigung, gewerbsmäßige Verbreitung oder gewerbsmäßige, mittels mechanischer oder optischer Einrichtungen betätigte Vorführung eines Kunst- oder Photographiewerkes (II[a] § 32);

Ferner sind strafbar als Verletzungen des Persönlichkeitsrechts des Urhebers:

4. die vorsätzliche, unbefugte Anbringung des Namens oder einer sonstigen Bezeichnung des Urhebers, die zu Verwechselungen Anlaß geben kann, auf Vervielfältigungen eines Kunst- oder Photographiewerkes (II[a] § 33 Nr. 1; § 18 Abs. 3; vgl. oben § 3 Nr. I m 1);

5. die vorsätzliche unbefugte Verbreitung oder Schaustellung eines Bildnisses (II^a § 33 Nr. 2; §§ 22, 23; s. oben § 3 I m);

6. Die vorsätzliche Anbringung des Namens oder Namenszuges des Urhebers auf einem Kunst- oder einem Photographiewerke ohne Erlaubnis des Urhebers (II^a §§ 34, 13; vgl. oben § 3 Nr. I m 1);

7. die Unterlassung der vorgeschriebenen Quellenangabe bei Entlehnungen (I^a § 44; II^a § 40).

Die Folgen dieser strafbaren Handlungen sind:

a) Geldstrafe, event. in Freiheitsstrafe umzuwandeln (I^a §§ 38, 39, 44; II^a §§ 32, 33, 40). Eventuelle Umwandlung in Freiheitsstrafe ist jedoch unzulässig im Falle 7.

Die Strafverfolgung setzt Strafantrag voraus. Zurücknahme ist zulässig (I^a § 45; II^a § 41).

b) Entschädigungspflicht außer im Falle Nr. 7 (I^a §§ 36, 37; II^a §§ 31, 32).

Anstatt der Entschädigung kann im Strafverfahren neben der Verurteilung zur Strafe eine Buße im Höchstbetrage von 6000 *M* über den Angeklagten vom Strafrichter verhängt werden. Entschädigung ist dann ausgeschlossen. Mehrere zur Buße Verurteilte sind Gesamtschuldner (I^a § 40; II^a § 35).

Die Entschädigungspflicht tritt übrigens auch ein, wenn die Verletzung des Urheberrechts keine strafbare Handlung ist (I^a §§ 36, 37; III^a § 31).

c) Anspruch des Verletzten auf Vernichtung rechtswidrig hergestellter, verbreiteter und vorgeführter Exemplare und der zur widerrechtlichen Vervielfältigung oder Vorführung ausschließlich bestimmten Vorrichtungen, wie Formen, Platten, Steine, Stereotypen, auch bei Mangel einer Schuld.

Wenn nur ein Teil des Werkes widerrechtlich hergestellt, oder verbreitet, oder vorgeführt wurde, so kann die Vernichtung nur für diesen Teil ausgesprochen werden. Bei Sammelwerken künstlerischer oder photographischer Art kann diesfalls der Eigentümer beantragen, daß ihm die Befugnis zugesprochen werde, die Vernichtung abzuwenden und die Exemplare gewerbsmäßig zu verbreiten gegen angemessene Vergütung, wenn weder vorsätzliche noch fahrlässige Handlung vorliegt, der Schaden für den Eigentümer bei Vernichtung unverhältnismäßig wäre und es sich nicht um Bildnisse handelt (II^a § 39).

Der Anspruch auf Vernichtung richtet sich gegen die Eigentümer der genannten Gegenstände, die an der rechtswidrigen Herstellung, Verbreitung, Vorführung, Schaustellung beteiligt waren, und gegen ihre Erben (I^a § 42$^{1-3}$; II^a § 37$^{1-3}$).

Die Vernichtung erfolgt erst, nachdem sie durch rechtskräftiges richterliches Urteil ausgesprochen worden.

Ist eine andere Art der Unschädlichmachung möglich, so tritt diese an Stelle der Vernichtung, wenn der Eigentümer die Kosten übernimmt, z. B. Abbruch des Satzes eines Literatur- oder eines Tonwerkes (I^a § 42^4; II^a § 37^4).

Alles dies gilt nicht für Bauwerke (II^a § 37^5).

Der Verletzte kann statt des Vernichtungsanspruchs ein Einlösungsrecht geltend machen gegen angemessene Vergütung, die den Betrag der Herstellungskosten nicht übersteigen darf (I^a § 43; II^a § 38).

Nach der Berner Konvention Art. 12 kann jedes widerrechtlich hergestellte Werk bei der Einfuhr in einen Vertragsstaat beschlagnahmt werden.

Strafe und Entschädigungspflicht setzen Vollendung der Tat voraus, Vernichtung findet schon bei Versuch statt (I^a § 42^3; II^a § 37^3).

Für das Verfahren bezüglich des Antrags auf Vernichtung, auf Einlösung und auf Abwendung der Teilvernichtung gelten folgende Vorschriften:

α) Der Vernichtungsanspruch und der Einlösungsanspruch können nach Wahl im Wege des Zivilprozesses, d. h. durch Klage oder im Strafverfahren geltend gemacht werden (I^a §§ 46, 48; II^a §§ 42, 44).

Das Urteil auf Vernichtung setzt auch im Strafprozeß Antrag des Verletzten voraus, der bis zum Vollzuge der Vernichtung zurückgenommen werden kann (I^a § 47^1; II^a § 43^1).

Die Vernichtung kann im Wege des Strafprozesses selbständig verfolgt werden, d. h. ohne daß Strafantrag gestellt wird. Der Verletzte stellt den Antrag bei dem zuständigen Strafgerichte als Privatkläger (I^a §§ 47, 48; II^a § 43, 44).

β) Für den Antrag auf Abwendung der Teilvernichtung bei künstlerischen oder photographischen Sammelwerken muß man unterscheiden:

aa) ein Vernichtungsverfahren ist bereits anhängig; dann ist der Antrag in diesem Verfahren, also gegebenenfalls im Strafverfahren, zu stellen;

bb) ein Vernichtungsverfahren ist noch nicht anhängig.

Dann kann der Antrag nur im Wege des Zivilprozesses gestellt werden. Zuständig ist das Gericht, das für die Klage auf Vernichtung zuständig wäre[1]) (II^a § 45^1).

In jedem Falle kann das Gericht dem Antragsteller durch einstweilige Anordnung — im Zivilprozesse speziell durch sog. einstweilige Verfügung — die Abwendung der Teilvernichtung und die gewerbsmäßige Verbreitung gestatten (II^a § 45^2).

Wird diese einstweilige Anordnung wieder aufgehoben, so hat der Verletzte wegen der auf Grund der einstweiligen Anordnung geschehenen Verbreitung Anspruch auf angemessene Vergütung (II^a § 45^3).

In den Straf- und in den Zivilprozessen, die wegen Verletzung des Urheberrechtes entstehen, sind zur Begutachtung zweifelhafter Fragen sog. „Sachverständigenkammern" berufen, deren Zusammensetzung und Geschäftsbetrieb durch Instruktionen des Reichskanzlers geregelt ist, und deren Ernennung für jeden Bundesstaat durch dessen Staatsgewalt erfolgt.

Einzelne Mitglieder der Kammern sollen nicht ohne ihre Zustimmung und nicht ohne Genehmigung des Kammervorstandes von den Gerichten als Sachverständige vernommen werden.

Über die Sachverständigenkammern für Werke der Literatur und über Sachverständigenkammern für Werke der Tonkunst siehe die Bestimmungen des Reichskanzlers vom 13. September 1901 (ZBl. f. d. D. R. S. 337).

Die Sachverständigenkammern sind auch befugt, über Schadensersatzansprüche, Vernichtungsansprüche und Einlösungsansprüche auf Anrufen der Beteiligten als Schiedsrichter zu verhandeln und zu entscheiden (I^a § 49; II^a § 46).

Die Strafverfolgung und die Entschädigungsansprüche wegen widerrechtlicher Vervielfältigung verjähren in drei Jahren. Beginn: bei Nachdruck (von literarischen und Tonwerken) mit dem Tage der ersten Verbreitung; bei Vervielfältigung von Kunst- und photographischen Werken mit dem Tage der vollendeten Vervielfältigung, wenn diese aber zum Zwecke der Verbreitung geschah, mit dem Tage der ersten Verbreitung (I^a § 50; II^a § 47).

Die Strafverfolgung und die Entschädigungsansprüche wegen widerrechtlicher Verbreitung, Aufführung, öffentlicher Mitteilung, öffentlichen Vortrags, Schaustellung von Bildnissen verjähren eben-

[1]) Also der Gerichtsstand des Abwendungsklägers, der im Vernichtungsprozeß der Beklagte wäre.

falls in drei Jahren, aber die Verjährung beginnt erst mit dem Tage der letzten widerrechtlichen Handlung (I^a^ § 51; II^a^ § 48).

Die Verjährung der Strafverfolgung wegen Unterlassung der vorgeschriebenen Quellenangabe beginnt mit dem Tage der ersten Verbreitung bzw. Veröffentlichung (I^a^ § 53; II^a^ § 49).

Der Anspruch auf Vernichtung verjährt nicht (I^a^ § 52; II^a^ § 50).

§ 7.

Die Beendigung des Urheberrechtes.

Vor allem erlischt das Urheberrecht durch Zeitablauf. Damit erlischt auch das übertragene Urheberrecht. Das geschützte Werk wird jetzt Gemeingut.

Im einzelnen muß man das literarisch-musikalische und das künstlerische bzw. photographische Urheberrecht unterscheiden.

I. Literarisch-musikalisches Urheberrecht.

1. Dieses Urheberrecht dauert regelmäßig bis zum Ablauf von 30 Jahren seit dem Tode des Urhebers, aber jedenfalls bis zum Ablauf von 10 Jahren seit der Veröffentlichung des Werkes; wenn also z. B. das Werk erst im 25. Jahre nach dem Tode des Urhebers veröffentlicht wird, so läuft die Schutzfrist erst mit dem 35. Jahre nach dem Tode des Urhebers ab.

Findet die Veröffentlichung selbst erst später statt als 30 Jahre nach dem Tode des Urhebers, so wird vermutet, daß das Urheberrecht dem Eigentümer des Werkes zustehe. Wenn daher in solchem Falle die Veröffentlichung nach seinem Tode stattfindet, so bemessen sich die Fristen nach seinem Tode (I^a^ § 29).

Im Falle der Miturheberschaft ist der Tod des längstlebenden Miturhebers entscheidend (I^a^ § 30).

Das Todesjahr bzw. das Veröffentlichungsjahr selbst wird nicht in die Fristen eingerechnet (I^a^ § 34).

2. Das Urheberrecht erlischt schon mit Ablauf von 30 Jahren seit der ersten Veröffentlichung des Werkes durch den Berechtigten:

a) wenn bei dieser Veröffentlichung der Urheber nicht in gesetzmäßiger Form benannt worden war (I^a^ §§ 31^1^, 35; cf. oben § 2 Nr. III a).

Doch kann die Normalschutzzeit vor Ablauf der 30 Jahre nachträglich begründet werden durch Benennung des Urhebers oder durch Anmeldung des Urhebers zur Eintragsrolle des Stadtrats in Leipzig (I^a^ § 32^2^; cf. oben § 2 Nr. III a. E.);

b) wenn das Urheberrecht einer juristischen Person zusteht und das Werk bei Lebzeiten des Verfassers veröffentlicht wurde (Iª § 32 s. o. § 2 Nr. II).

3. Bei mehrbändigen Werken läuft die Schutzfrist für jeden Band besonders. Bei Werken, die in Lieferungen erscheinen, beginnt die Schutzfrist für das ganze Werk mit dem Erscheinen der letzten Lieferung (Iª § 33).

Das von mehrbändigen Werken Gesagte findet auch Anwendung auf fortlaufende Berichte oder Hefte (Iª § 33).

II. Künstlerisches und photographisches Urheberrecht.

1. Der Schutz des Urheberrechts an Werken der bildenden Künste endigt nach Ablauf von 30 Jahren seit dem Tode des Urhebers; steht das Urheberrecht einer juristischen Person zu, so gilt dies nur, wenn das Werk erst nach dem Tode seines Schöpfers erscheint. Sonst endigt die Schutzfrist nach Ablauf von 30 Jahren seit dem Erscheinen (IIª §§ 25, 30).

2. Der Schutz des Urheberrechts an einem photographischen Werke endigt schon nach 10 Jahren vom Erscheinen des Werkes, und wenn es bis zum Tode des Urhebers noch nicht erschienen war, nach 10 Jahren von seinem Tode an (IIª §§ 26, 30).

Die Fristberechnungsregeln im Falle der Miturheberschaft, des Erscheinens in verschiedenen Abteilungen, Blättern oder Heften, des Erscheinens in Lieferungen sind die gleichen wie sub Nr. I 3 (IIª §§ 27, 28).

Auch gilt der Satz: daß das Kalenderjahr des Todes des Urhebers bzw. des Erscheinens des Werkes in die Schutzfrist nicht eingerechnet wird (IIª § 29).

III. Außer durch Zeitablauf erlischt jedes Urheberrecht durch öffentlich erklärten Verzicht.

III. Gewerbliches Urheberrecht.

1. An Geschmacksmustern.[1]

§ 8.

Im Anschluß an das französische, englische, amerikanische, österreichische und italienische Recht hat das Reichsrecht einen Ur-

[1]) Gesetz III; Pariser Unionsvertrag und Brüsseler Zusatzakte; Ausstellungsschutzgesetz; vgl. oben § 1 C Nr. 6, 9, 10.

heberrechtsschutz an gewerblichen „Mustern und Modellen“ eingeführt durch das Gesetz vom 11. Januar 1876 (Ges. III), in Kraft seit 1. April 1876. Dieses Gesetz bezieht sich jedoch auf Muster und Modelle, die vor dem 1. April 1876 schon angefertigt waren, nur dann, wenn das erste nach dem Muster gefertigte Erzeugnis erst nach dem 1. April 1876 verbreitet worden ist.

Muster und Modelle, an denen schon vorher landesrechtlich ein Urheberrecht bestand, behalten dieses für das Territorium, für welches die Erteilung erfolgt war (III § 17).

A. Begriff.

Muster oder Modell im Sinne des Reichsrechts ist ein Vorbild, d. h. eine der Nachahmung fähige Vorlage[1]) für eine Form — sei es eine graphische, plastische oder koloristische.[2])

Dieses Vorbild muß aber sein:

1. Neu (III §§ 1, 7²).

Der Neuheit steht es nicht entgegen, wenn das Muster oder Modell unter dem Schutze des Ausstellungsschutzgesetzes vom 18. März 1904 auf einer deutschen oder auf einer ausländischen Ausstellung zur Schau gestellt war und die Anmeldung zur Erlangung des Urheberrechts von dem Aussteller oder von seinem Rechtsnachfolger binnen 6 Monaten nach Eröffnung der Ausstellung bewirkt wird. Seine Anmeldung geht dann anderen Anmeldungen, die während der 6monatlichen Frist geschehen, vor, auch wenn während der Frist das Muster oder Modell noch außerhalb der Ausstellung benützt oder veröffentlicht wurde.

Dieser vorläufige Schutz des Ausstellungsschutzgesetzes hängt jedoch davon ab, daß die Ausstellung vom Reichskanzler im Reichsgesetzblatte als schutzwürdige Ausstellung bezeichnet worden ist.[3])

2. Eigentümlich (III § 1), d. h. individuelle Schöpfung, nicht bloße Benützung der bisher schon bekannten Technik,

---

[1]) RG. Bd. 61 S. 49.

[2]) RG. Bd. 61 S. 44 ff.

[3]) Derartige Bekanntmachungen s. im RGBl. 1904 S. 142; 1905 S. 33, 240, 318; 1906 S. 361, 460; 1907 S. 154, 237, 408. Die Erlassung des Ausstellungsgesetzes war die Erfüllung der in dem Pariser Unionsvertrag übernommenen Verpflichtung der Vertragsstaaten, „den patentfähigen Erfindungen, den gewerblichen Mustern und Modellen, sowie den Fabrik- oder Handelsmarken für Erzeugnisse, welche auf amtlichen oder amtlich anerkannten internationalen Ausstellungen zur Schau gestellt werden, einen zeitweiligen Schutz zu gewähren“ (Art. 11 des Unionsvertrags).

m. a. W. nicht bloße „Konstruktion“, wie es Kohler (Musterrecht S. 85) bezeichnet.

3. Ein „Geschmacksmuster, d. h. ein Vorbild, das den Anforderungen des Geschmacks, nicht jenen der Brauchbarkeit entgegenkommen will, gleichviel ob dieser Zweck erreicht wird oder nicht, gleichviel ob der Geschmack, dem entsprochen werden soll, gut oder schlecht ist.

Das Gesetz (III) sagt zwar nicht ausdrücklich, daß es nur Geschmacksmuster treffen will, aber aus den Vorschriften über die Nachbildung (§§ 5, 6) ergibt sich, daß nur die äußere Erscheinung — Zeichnung, Farbe, plastische Form — den Gegenstand der Regelung bilden soll. Dazu kommt, daß für Muster und Modelle, die den Anforderungen der Brauchbarkeit entgegenkommen wollen, ein eigenes Gesetz besteht.[1])

Das Vorbild ist Muster im e. S., wenn es auf einem gewerblichen Erzeugnis als Flächen- oder plastische oder farbige Form angebracht ist; dagegen Modell, wenn die Gesamtgestaltung des Erzeugnisses das Vorbild darstellt: eigentümliche Form eines Möbels, Gefäßes, Lüsters, Aschenbechers 2c.

B. Subjekt des Urheberrechts.

Das Urheberrecht am Geschmacksmuster steht dem Schöpfer (Urheber) zu, d. i. dem, dessen geistiges Erzeugnis das Muster ist.

Als Schöpfer gilt — in Ermangelung anderer Verabredung — der Geschäftsherr, in dessen Gewerbebetrieb ein Angestellter das Muster anfertigt (III § 2).

Das ist Fiktion, der gegenüber von Gegenbeweis nicht die Rede sein kann. Als Schöpfer vermutet wird, wer das Geschmacksmuster in gesetzlicher Weise zum Eintrag in das „Musterregister“ anmeldet und bei der „Registerbehörde“ niederlegt[2]) (III 13).

Gegen diese Vermutung ist Gegenbeweis möglich.

Das deutsche Urheberrecht besteht für den deutschen Urheber, wenn im Deutschen Reiche Erzeugnisse nach seinem Geschmacksmuster hergestellt werden, gleichviel wo die Verbreitung dieser Erzeugnisse stattfindet (III § 16[1]).

Der ausländische Schöpfer eines Geschmacksmusters kann das deutsche Urheberrecht nur erlangen, wenn er im Deutschen

---

[1]) Gesetz IV s. u. § 9.
[2]) Vgl. das Nähere unten sub C.

Reiche eine gewerbliche Niederlassung hat, vorbehaltlich der ihm günstigeren Bestimmungen in Staatsverträgen (III § 16[2, 3]).

Der bedeutsamste unter den hieher gehörigen Staatsverträgen, an denen das Deutsche Reich beteiligt ist, ist der schon erwähnte Pariser Unionsvertrag vom 20. März 1883 mit der Brüsseler Zusatzakte vom 14. Dezember 1900, abgeschlossen zwischen Belgien, Brasilien, Spanien, Frankreich, Guatemala, Italien, Niederlande, Portugal, Salvador, Serbien und Schweiz.

Später traten bei Dänemark, die dominikanische Republik, Großbritannien, Japan, Schweden und Norwegen, Tunis, Vereinigte Staaten von Nordamerika und das Deutsche Reich. Dieses am 21. März 1903.

Die wesentlichsten Sätze des Unionsvertrages sind folgende:

I. Die Angehörigen eines Verbandsstaates werden in allen Verbandsstaaten als Inländer behandelt (Unionsvertrag Art. 2). Ebenso die Angehörigen anderer Staaten, die auf dem Gebiete eines Verbandsstaates ihren Wohnsitz oder gewerbliche bzw. Handelsniederlassungen haben (Unionsvertrag Art. 3 und Brüsseler Zusatzakte Art. 1 I).

II. Wer in einem Verbandsstaate ein gewerbliches Muster oder ein Gesuch um Patenterteilung vorschriftsmäßig bei der zuständigen Behörde (die jeder Verbandsstaat einzurichten hat) hinterlegt, genießt in allen anderen Verbandsstaaten zum Zwecke der Hinterlegung ein Prioritätsrecht während vier Monaten, d. h. sein Urheberrecht kann in den anderen Verbandsstaaten, in denen er während der viermonatlichen Frist vorschriftsmäßig sein Muster hinterlegt, nicht dadurch vereitelt werden, daß ein anderer vor ihm dasselbe Muster hinterlegt oder Exemplare des Musters feilgeboten hat;[1]) m. a. W. diese Umstände stehen dann der „Neuheit" seines Musters ebensowenig im Wege, wie die oben unter A Nr. 1 erwähnte Schaustellung der Neuheit entgegensteht, wo das Ausstellungsschutzgesetz Platz greift (Unionsvertrag Art. 4 mit Zusatzakte Art. 1 II).

III. Den Verbandsstaaten bleibt unbenommen, einzeln untereinander besondere Abmachungen zu treffen, soweit dadurch nicht der Unionsvertrag verletzt wird (Unionsvertrag Art. 15).

Derartige Abmachungen bestehen zwischen dem Deutschen Reiche und Österreich-Ungarn (RGBl. 1892 S. 289), Italien (RGBl. 1892 S. 293 und 1903 S. 178), Schweiz (RGBl. 1894

---

[1]) Ohne Rücksicht darauf, ob er infolge seiner Hinterlegung in dem Staate der Hinterlegung Urheberrecht erlangt oder nicht. Vgl. Kohler, Musterrecht S. 159 Nr. 3.

S. 511 und 1903 S. 181), Vereinigte Staaten von Nordamerika (RGBl. 1909 S. 895).

IV. Ähnlich wie für die Zwecke der Berner Konvention bezüglich des literarisch-musikalischen Urheberrechts, besteht ein internationales Bureau unter Leitung der Schweizerischen Regierung für die Zwecke des Unionsvertrags (Art. 13).

C. Entstehung des Urheberrechts.

Das Urheberrecht am Geschmacksmuster entsteht als vollkommenes Recht nicht schon mit dem Schöpfungsakt, wie das Recht am literarischen Werke, Kunstwerke, Photographiewerke, sondern erst durch die Anmeldung zum Musterregister und Niederlegung des Musters bei der Registerbehörde (III § 7[1]).

Die Behörden, welche die Musterregister zu führen haben, sind dieselben, die die Handelsregister führen, d. h. die Amtsgerichte (III § 9[1] und FGG. § 125).

Die Musterregister sind öffentlich, d. h. jedermann kann Einsicht nehmen und sich beglaubigte Auszüge erteilen lassen (III § 11).

Die auf Grund Anmeldung geschehene Eintragung ins Register ist auf Kosten des Anmeldenden im Deutschen Reichsanzeiger bekannt zu machen (III § 9[6]).

Die Eintragung des angemeldeten Musters muß ohne sachliche Prüfung[1]) geschehen. Nur ob ein Geschmacksmuster Gegenstand der Anmeldung sei, ist von der Registerbehörde zu prüfen; denn die Behörde ist nur berufen, Geschmacksmuster einzutragen.[2])

Anmeldung und Niederlegung müssen vor der Verbreitung eines das Muster benützenden Erzeugnisses[3]) (III § 7[2]) und zwar bei dem Registergerichte der Hauptniederlassung des Anmeldenden, in Ermangelung einer Hauptniederlassung[4]) bei dem Registergerichte seines Wohnortes erfolgen.

Hat der Anmeldende weder eine deutsche Niederlassung noch einen deutschen Wohnsitz, so muß die Anmeldung bei dem Registergerichte in Leipzig stattfinden (III § 9[2, 3]).

---

[1]) D. h. ohne Prüfung, ob das Muster neu, eigentümlich, vom Anmeldenden geschaffen sei, ob es in ein fremdes Urheberrecht eingreife (III § 10).

[2]) Kohler a. a. O. S. 108 ff.

[3]) Vorbehaltlich des oben zu A Nr. 1 und zu B über Ausstellungsschutz bzw. Prioritätsrecht nach dem Unionsvertrag Gesagten.

[4]) Das Gesetz sagt: „wenn er eine eingetragene Firma nicht besitzt".

Die Niederlegung der angemeldeten Muster kann offen oder versiegelt, in einzelnen Exemplaren oder in Paketen[1]) erfolgen.

Die Eröffnung versiegelt niedergelegter Muster erfolgt jedenfalls nach drei Jahren,[2]) wenn das Urheberrecht schon früher erlischt, nach seinem Erlöschen; außerdem in Streitfällen auf Anordnung der Registerbehörde (III §§ 9^5, 11).

Mit der Anmeldung ist das vollkommene Urheberrecht erworben, sofern die gesetzlichen Voraussetzungen gegeben sind; wenn nicht, so ist die Anmeldung und die Eintragung wirkungslos.

D. Inhalt des Urheberrechts.

Das vollkommene Urheberrecht am Geschmacksmuster besteht in dem ausschließlichen Rechte der Nachbildung und der gewerbsmäßigen Verbreitung des Musters in bestimmten Schranken (III §§ 1^1, 5, 14).

Die Schranken des ausschließlichen Rechts sind folgende:

a) Erlaubt ist die freie Benützung einzelner Motive eines Musters zur Herstellung eines neuen Musters (III § 4).

b) Erlaubt ist ferner:

α) die Nachbildung ohne Verbreitungsabsicht (arg. III § 5 Abs. 1);

β) die Einzelkopie ohne die Absicht gewerbsmäßiger Verbreitung (III § 6 Nr. 1);

γ) die plastische Nachahmung von Flächenmustern und umgekehrt (III § 6 Nr. 2).

δ) Die Entlehnung einzelner Muster für Schriftwerke (III § 6 Nr. 3).

E. Unvollkommenes Musterrecht.

Schon vor Anmeldung des Musters und vor der Eintragung hat der Schöpfer eines Musters ein Recht an dem Muster. Es ist veräußerlich und vererblich und es kann den Gegenstand der Vollstreckung bilden. Niemand darf ohne den Willen des Schöpfers das Muster anmelden. Geschähe dies doch, so wäre die Anmeldung und Eintragung „anfechtbar".[3])

Allein die „Nachbildung" des nicht angemeldeten Musters und die Verbreitung der Nachbildungsexemplare steht jedem frei.

Deshalb ist das Musterrecht vor der Anmeldung ein unvollkommenes Recht.

---

[1]) Von höchstens 50 Stück, die nicht mehr als 10 Kilogramm schwer sein dürfen.

[2]) D. i. nach Ablauf der regelmäßigen Höchstdauer des Urheberrechts.

[3]) So Kohler a. a. O. S. 91.

F. Übertragung des Urheberrechts.

Das vollkommene Musterrecht ist ebenfalls veräußerlich und vererblich. Auch der Fiskus erwirbt, wo er Erbe ist, das Musterrecht (III § 3). Anders bei literarischem und künstlerischem Urheberrecht (vgl. oben § 4 Nr. I).

Die Veräußerung durch Vertrag kann beschränkt geschehen wie die des Urheberrechts an Schrift-, Kunst- und Photographiewerken (vgl. oben § 4 Nr. II; III § 3).

Das Gesetz sagt, es könne auch durch „Verfügung von Todes wegen" das Recht auf andere übertragen werden. Das muß seit Einführung des BGB. als beseitigt angesehen werden, da das Vermächtnis und die Auflage nur noch eine Übertragungs**verbindlichkeit** erzeugen können.

G. Schutz des Urheberrechtes.

Der Schutz des Musterrechts ist der gleiche, den das Gesetz vom 11. Januar 1870 (Gesetz I; §§ 18—36, 38) dem Urheberrecht an Schriftwerken gewährt hatte. Für dieses ist, wie gezeigt, Gesetz I durch Gesetz I^{a} ersetzt worden. Für das Urheberrecht an Geschmacksmustern hingegen wurden die angeführten Bestimmungen des Gesetzes I aufrecht erhalten (I^{a} § 64 Satz 2; III § 14).

Im einzelnen gilt folgendes:

1. Auch im Falle der bloß fahrlässigen Verletzung des Musterrechts entsteht ein **Entschädigungsanspruch** und ein Strafantragsrecht. Der Strafantrag kann zurückgenommen werden. Das Höchstmaß der Strafe ist Geldstrafe von 3000 *M*, eventuell 6 Monate Gefängnis (I §§ 18, 20, 27).

2. Bei schuldloser Verletzung durch unbefugte **Vervielfältigung** (nicht auch durch unbefugte **Verbreitung**) erwächst dem Musterberechtigten ein **Bereicherungsanspruch**[1]) (I § 25).

3. Neben der Strafe kann das **Strafgericht** über den Täter eine Buße zugunsten des Urhebers bis zu 6000 *M* verhängen. Die Buße schließt jede weitere Entschädigung aus (I § 18). Mehrere Verurteilte sind Gesamtschuldner.

4. Dem Urheber steht gegen den Bedroher seines Rechtes Feststellungsklage und gegen den Verletzer Unterlassungsklage zu (ZPO. § 256 und oben § 6 a. A.).

Dem Verletzer gleichbehandelt hinsichtlich der Entschädigungspflicht und der Strafe wird der „Veranlasser". Veranlasser ist auch der Anstifter einer unbefugten Nachbildung durch eine **gut**-

---

[1]) Darüber und dagegen **Kohler** a. a. O. S. 142 ff.

gläubige Person (I § 20). Der bösgläubige Täter und der Veranlasser haften als Gesamtschuldner.

Außerdem kann der Verletzte Einziehung der vorrätigen Nachbildungsexemplare und der zur Nachbildung bestimmten Vorrichtungen gegen den Eigentümer verlangen, der die unbefugte Vervielfältigung bzw. Verbreitung vorgenommen bzw. veranlaßt hat. Anstatt Einziehung kann Übertragung des Eigentums gegen Zahlung der Herstellungskosten verlangt werden (Einlösungsanspruch; I § 21).

Der Verletzte hat die Wahl, ob er die angeführten Ansprüche im Strafverfahren oder durch Zivilklage geltend machen will (I § 26).

Vernichtung der Nachbildungsexemplare und der zur Nachbildung bestimmten Vorrichtungen kann nicht begehrt werden, sondern nach Wahl des Eigentümers: entweder, daß sie auf seine Kosten ihrer gefährdenden Form entkleidet[1]) oder daß sie bis zur Beendigung des Musterrechtes amtlich aufbewahrt[2]) werden.

5. Die Verjährung des Entschädigungsanspruchs und damit auch des Einziehungsanspruchs und des Einlösungsanspruchs ist eine dreijährige, beginnend mit der ersten Verbreitungshandlung,[3]) wo es sich um widerrechtliche Herstellung von Nachbildungen handelt; dagegen mit der letzten Verbreitungshandlung, wo die Verletzung in widerrechtlicher Verbreitung besteht (I §§ 33, 34).

Die Verjährung des Strafanspruchs ist gleichfalls eine dreijährige, beginnend wie die des Entschädigungsanspruchs (I § 33).

6. Zur Abgabe von Gutachten in Straf- und in Zivilprozessen über Nachbildung von Mustern sind „Sachverständigenvereine" berufen (III § 14²; I § 31; dazu Ausführungsbestimmungen vom 29. Februar 1876 im ZBl. f. d. D. R. 1876 S. 117, vom 16. Juli 1879 im ZBl. S. 490 und vom 25. Oktober 1882 im ZBl. S. 417).

7. Zivilprozesse über Entschädigungs-, Bereicherungs-, Einziehungsansprüche des Berechtigten sind als Handelssachen zu behandeln, weshalb die etwaige Revision zur Kompetenz des Reichsgerichts gehört auch gegenüber bayerischen Oberlandesgerichten (III § 15).

H. Dauer des Urheberrechts.

Die regelmäßige Höchstdauer des Musterrechts beträgt drei Jahre vom Anmeldungstage an. Der Anmeldende hat die Wahl, ob er so lange oder ob er nur zwei Jahre oder ob er nur ein

---

1) Vgl. Kohler a. a. O. S. 145.

2) Darüber und dagegen Kohler a. a. O. S. 145 f.

3) I § 22.

Jahr berechtigt sein will. Je nach seiner Wahl wird ihm das Recht auf 1, 2 oder 3 Jahre gewährt (III § 8).

Für Anmeldung und Eintragung sowie für die Niederlegung des oder der Muster ist eine Jahresgebühr von 1 *M* zu entrichten (III § 12²).

Der Anmeldende ist berechtigt, eine Verlängerung der Dauer seines Rechtes auf höchstens 15 Jahre zu verlangen gegen Zahlung bestimmter erhöhter Gebühren (III § 8²; 12³): entweder gleich bei der Anmeldung oder nach Ablauf der von ihm gewählten dreijährigen oder der von ihm gewählten zehnjährigen Rechtsdauer (III § 8³).

Die Verlängerung über drei Jahre muß ins Musterregister eingetragen und im Reichsanzeiger bekannt gemacht werden (III § 8² Satz 2; 9⁶).

Außer durch Zeitablauf erlischt das Musterrecht auch durch öffentlich bekannt gemachten Verzicht des Berechtigten.

2. An Gebrauchsmustern.[1])

§ 9.

Ein besonderes Urheberrecht an Gebrauchsmustern gab es im Deutschen Reiche bis zur Erlassung des Gesetzes vom 1. Juni 1891 (Gesetz IV) nicht. Soweit das Gebrauchsmuster unter die Erfindungen fiel, konnte ein Erfinderrecht in Gemäßheit des früheren Patentgesetzes vom 25. Mai 1877 begründet werden. Im Gefolge der Erlassung des neuen Patentgesetzes vom 7. April 1891 wurde aber auch ein besonderes Urheberrecht an Gebrauchsmustern durch das Gesetz IV ausgebildet.

A. Begriff.

Gebrauchsmuster im Sinne des Gesetzes ist ein für den Gebrauchszweck bestimmtes Vorbild (Modell) für eine Form, Anordnung oder Vorrichtung von bzw. an Arbeitsgeräten oder Gebrauchsgegenständen oder von bzw. an einzelnen Teilen solcher Geräte und Gegenstände (IV § 1¹).

Um des Urheberrechtes fähig zu sein, muß auch das Gebrauchsmuster neu und eigentümlich sein. Das letztere wird zum Unterschiede vom Geschmacksmustergesetz § 1 im Gesetze IV nicht hervor-

[1]) Gesetz IV. Hiezu Ausführungsverordnung vom 11. Juni 1891 und Abänderung vom 25. Oktober 1899 (RGBl. S. 661), ferner Ausführungsverordnung vom 30. Juni 1894 (RGBl. S. 495) § 7.

gehoben, liegt aber hier im Begriffe der Neuheit; denn wenn das Muster lediglich unter Benützung schon bekannter Technik hergestellt wird,[1]) so ist es keine neue Gestaltung, Anordnung oder Vorrichtung. Als nicht neu ist das Muster jedenfalls dann zu betrachten, wenn es zur Zeit seiner Anmeldung bereits in öffentlichen Druckschriften beschrieben oder im Reichsgebiete offenkundig benützt worden ist (IV § 1²).

Aber auch hier steht der Neuheit die Schaustellung auf Ausstellungen nicht entgegen, soferne das Ausstellungsschutzgesetz eingreift (vgl. oben § 8 A Nr. 1), und nicht die Anmeldung gemäß dem Unionsvertrag (oben S. 34 Nr. II).

B. Subjekt des Rechtes.

Das Gebrauchsmusterrecht steht dem Schöpfer des Musters zu.

Die für Geschmacksmuster aufgestellte Fiktion und Vermutung für die Person des Schöpfers (oben § 8 B) bestehen für das Gebrauchsmuster nicht.

Ob der Schöpfer Deutscher oder Ausländer ist, kommt für das Urheberrecht hier nicht in Betracht.

Dagegen ist es von Bedeutung, ob der Schöpfer im Deutschen Reiche einen Wohnsitz oder eine Niederlassung hat. Wenn nicht, so kommt ihm ein Urheberrecht nach dem deutschen Gesetze nur zu, wenn in dem Staate seines Wohnsitzes bzw. seiner Niederlassung laut Bekanntmachung im Reichsgesetzblatt das deutsche Gebrauchsmusterrecht Rechtsschutz genießt und wenn er einen im Deutschen Reiche wohnhaften Vertreter bestellt[2]) (IV § 13).

Diese Bestimmungen besitzen zurzeit allerdings keine große praktische Bedeutung mehr wegen des Pariser Unionsvertrages Art. 4, der auch auf Gebrauchsmuster Anwendung findet (vgl. oben S. 34 Nr. II).

C. Entstehung des Rechts.

Die Entstehung des vollkommenen Gebrauchsmusterrechts ist bedingt durch gehörige Anmeldung des Musters zur „Gebrauchsmusterrolle" unter gleichzeitiger offener Hinterlegung einer Nach- oder einer Abbildung des Musters.

Die „Gebrauchsmusterrolle" ist ein von dem Kaiserlichen

---

[1]) Wenn lediglich „Konstruktion" im Sinne Kohlers (a. a. O. S. 85) vorliegt, z. B. wenn zwei bereits bekannte Kartenkörbchen zu einem Doppelkörbchen verbunden werden (Kohler a. a. O.).

[2]) Vgl. hiezu Kohler a. a. O. S. 136 ff.

Patentamte[1]) in Berlin geführtes *öffentliches*[2]) Register über die angemeldeten Gebrauchsmuster.[3])

Gehörig ist die Anmeldung nur, wenn sie *schriftlich* geschieht mit der Angabe, unter welcher Bezeichnung das Gebrauchsmuster eingetragen werden soll und worin seine Neuheit besteht.[4]) Gleichzeitig mit der Anmeldung ist für jedes einzelne angemeldete Gebrauchsmuster eine Gebühr von 15 *M* einzuzahlen (IV § $2^{1-3,5}$).

Die gehörige Anmeldung wird durch das Patentamt in die Gebrauchsmusterrolle ohne materielle Prüfung des Rechtes eingetragen.

Die Eintragung *muß* Namen und Wohnsitz des Anmelders, sowie die Zeit der Anmeldung angeben.

Hat der Anmelder weder Wohnsitz noch Niederlassung im Deutschen Reiche, so muß auch Name und Wohnsitz des von ihm aufzustellenden Vertreters (s. oben B) eingetragen werden.

Änderungen in der Person des Eingetragenen werden nur *auf Antrag* in der Rolle vermerkt[5]) (IV § $3^{1,2,4}$; § 13^{2}).

Die geschehenen Eintragungen müssen durch den Reichsanzeiger bekannt gemacht werden[6]) (IV § 3^{3}).

Trotz Eintragung entsteht das Gebrauchsmusterrecht demjenigen gegenüber nicht, dessen Beschreibungen, Zeichnungen, Muster, Gerätschaften oder Einrichtungen der *wesentliche* Inhalt der Eintragung *ohne seine Einwilligung* entnommen wurde, m. a. W. die Eintragung ist relativ nichtig (unwirksam) (IV § 4^{3}).

Der Verletzte kann auch vom Eingetragenen Löschung der Eintragung verlangen (IV § 6^{2}).

Trotz Eintragung ist das Gebrauchsmusterrecht überhaupt *nicht* gültig entstanden, wenn das Muster nicht neu und eigentümlich ist. *Jedermann* kann hier die Ungültigkeit rügen und hat einen Löschungsanspruch gegen den Eingetragenen (IV § 6^{1}).

---

[1]) Näheres über diese Behörde s. unten § 11.

[2]) IV § 3^{5}.

[3]) Beim Patentamte besteht für Gebrauchsmuster eine besondere Anmeldestelle unter Leitung eines rechtskundigen Mitgliedes. Über Remonstrationen gegen Verfügungen dieser Stelle entscheidet der Präsident des Patentamts (Ausführungsverordnung vom 11. Juli 1891 §§ 19, 21).

[4]) Das Patentamt kann über *sonstige* Erfordernisse der Anmeldung Bestimmung treffen (IV § 2^{4}). Es hat solche getroffen unter dem 22. November 1898.

[5]) Wenn sie in beweisender Form zur Kenntnis des Patentamts gebracht wurden (Ausführungsverordnung vom 11. Juli 1891 § 22).

[6]) Der Eingetragene erhält eine Ausfertigung des Eintragungsvermerks (Ausführungsverordnung vom 11. Juli 1891 § 23).

D. Inhalt des Rechts.

Das vollkommene Gebrauchsmusterrecht besteht in dem ausschließlichen Rechte des Urhebers zur gewerbsmäßigen Nachbildung des Musters, zur gewerbsmäßigen Verbreitung[1]) der durch Nachbildung hervorgebrachten Gegenstände und zum gewerbsmäßigen Gebrauch solcher Gegenstände (IV § 4¹).

Das durch spätere Anmeldung begründete Recht darf nicht ausgeübt werden, soweit es in ein früher eingetragenes Recht eingreift und der früher Eingetragene nicht einwilligt (IV § 4²).

Das gilt auch für den Fall, daß dasselbe Muster zwei voneinander unabhängige Schöpfer hat; ferner für den Fall, daß ein Gebrauchsmusterrecht in ein vor ihm angemeldetes Erfindungspatent[2]) eingreift (IV § 5¹).

Umgekehrt darf ein später angemeldetes Erfindungspatent nicht ausgeübt werden ohne Einwilligung des früher angemeldeten Gebrauchsmusterberechtigten, soweit es in dessen Recht eingreift (IV § 5²).

Veröffentlichung des Musters ohne Anmeldung bewirkt, daß das Muster nicht mehr neu ist und daher nicht mehr angemeldet werden kann.

E. Unvollkommenes Recht.

Hiefür gilt das vom Geschmacksmuster Gesagte oben § 8 E.

Desgleichen für

F. Übertragung des Gebrauchsmusterrechts.

IV § 7; oben § 8.

G. Schutz des Gebrauchsmusterrechts.

Die vorsätzliche und die grobfahrlässige Verletzung des Gebrauchsmusterrechts (oben D) begründet einen Entschädigungsanspruch des Berechtigten gegen den Täter. Diese Verletzung ist auch auf Antrag des Verletzten strafbar; der Antrag kann zurückgenommen werden. Mit der Verurteilung zur Strafe[3]) ist dem Verletzten die Befugnis zur Urteilsveröffentlichung auf Kosten des Verurteilten zuzusprechen (IV §§ 9, 10).

Neben der Verurteilung zur Strafe kann das Strafgericht Verurteilung zu einer Buße bis zum Betrage von 10000 *M* aus-

---

[1]) = in Verkehr bringen und feilhalten.

[2]) Darüber unten §§ 10 ff.

[3]) Von höchstens 10000 *M* oder Gefängnis bis zu einem Jahr.

sprechen. Mehrere hiezu Verurteilte haften als Gesamtschuldner. Anderweitiger Entschädigungsanspruch ist dann ausgeschlossen (IV § 11).

Gegen den Bedroher seines Rechts steht dem Berechtigten Feststellungsklage, gegen den Verletzer auch noch Unterlassungsklage zu (ZPO. § 256 und oben § 6 a. A.).

Dagegen gibt es für den Geschmacksmusterurheber keine Konfiskations-, Einlösungs-, Vernichtungsansprüche (cf. oben § 8 G Nr. 4).

Der Entschädigungsanspruch verjährt wie bei Verletzung des Geschmacksmusterrechts in drei Jahren (IV § 9²).

Wenn der Berechtigte im Deutschen Reiche weder Wohnsitz noch Niederlassung hat, ist der aufzustellende Vertreter zur Stellung von Strafanträgen und zur Führung von Entschädigungsprozessen namens des Verletzten befugt (IV § 13² Satz 2).

Klagen gegen den Berechtigten können bei dem Gerichte des Vertreterwohnsitzes und in Ermangelung eines Wohnsitzes bei dem Gerichte in Berlin (Sitz des Patentamts) als dem Gerichtsstande des Vermögens (§ 24 ZPO.) erhoben werden (IV § 13² Satz 3).

In allen Zivilprozessen über Entschädigungsansprüche des Berechtigten und über Löschungsansprüche — auch wenn sie durch Widerklage erhoben wurden — ist das Reichsgericht höchste Instanz auch gegenüber bayerischen Oberlandesgerichten (IV § 12).

Sachverständigenkammer gibt es nicht. Erforderliche Gutachten sind vom Patentamte zu erteilen (AusfVG. vom 30. Juni 1894 § 9).

H. Dauer des Rechtes.

Die Normaldauer ist drei Jahre seit dem Beginne des der Anmeldung folgenden Tages.[1])

Doch kann gegen Zahlung einer neuen Gebühr von 60 *M* vor Ablauf der drei Jahre die Dauer des Rechtes um drei Jahre verlängert werden.

Die Verlängerung wird in der Rolle vermerkt (IV § 8¹).

Vor Ablauf der Frist erlischt das Recht durch Verzicht gegenüber dem Patentamt und Löschung in der Rolle (IV § 8²), ferner infolge begründeter Anfechtung und daraufhin erfolgter Löschung.

Diese Löschungen (vor Fristablauf) sind im Reichsanzeiger bekannt zu machen (IV § 8³).

[1]) Die hinterlegten Muster können nach Ablauf der drei Jahre zurückverlangt werden. Geschieht dies nicht binnen vier Jahren, so verfügt der Präsident des Patentamtes über die Muster (AusfVO. vom 11. Juli 1891 § 24).

Zweites Kapitel.

Das Erfinderrecht.[1]

§ 10.

Begriff.

Erfinderrecht ist das ausschließliche Recht eines Erfinders, über die Veröffentlichung und die Benutzung seiner Erfindung zu verfügen.

Erfindung aber ist eine neue Idee, welche mittels einer bisher unbekannten Verwendung der Naturkräfte einen technischen Fortschritt begründet.[2])

Wie das Urheberrecht ist das Erfinderrecht aus der Privilegienerteilung hervorgegangen.

Zuerst wurde der Privilegiencharakter in der englischen Gesetzgebung des 17. Jahrhunderts abgestreift; dann folgte in der Weiterentwicklung des Erfinderrechts die Gesetzgebung der Ver-

---

[1]) Literatur: Gierke, Deutsches Privatrecht Bd. 1 §§ 94 ff.; Kohler, Deutsches Patentrecht 1878; Forschungen aus dem Patentrecht 1888; Handbuch des deutschen Patentrechts 1900; Lehrbuch des Patentrechts 1908; Damme, Deutsches Patentrecht 1906; Osterrieth, Lehrbuch des gewerblichen Rechtsschutzes 1908; Crome, System des bürgerlichen Rechts Bd. 4 S. 88 ff.; Allfeld, Kommentar zu den Gesetzen über das gewerbliche Urheberrecht, 1904. Ferner s. Dernburg-Kohler a. a. O. § 80 Nr. 1.

Zeitschriften: Gewerblicher Rechtsschutz und Urheberrecht, herausgegeben von Osterrieth und das vom Patentamte herausgegebene amtliche „Blatt für Patent-, Muster- und Zeichenwesen“.

Quellen: Patentgesetz vom 7. April 1891; Ausführungsverordnung vom 11. Juli 1891 und Abänderungsverordnungen vom 5. Juni 1897, 6. Mai 1899, 25. Oktober 1899, 2. Mai 1900, 26. Mai 1902, 29. April 1904, 14. Mai 1908 (RGBl.: 1891 S. 349, 1897 S. 473, 1899 S. 283 u. 661, 1900 S. 232, 1902 S. 169, 1904 S. 157, 1908 S. 213); Gesetz vom 21. Mai 1900, betr. die Patentanwälte (RGBl. S. 233); Gesetz vom 18. Mai 1908, betr. die Ernennung von Hilfskräften beim Patentamt. Die Gesetze des Auslandes s. in Kohler und Mintz, Patentgesetze aller Völker.

[2]) Eingehend über den Erfindungsbegriff: Kohler, Lehrbuch §§ 4 ff.; über den Unterschied der Erfindung vom Gebrauchsmuster, insbesondere S. 27 Nr. II: „Verwendung von Naturkräften — Raumgestaltung an sich, abgesehen von solcher Verwendung“.

einigten Staaten Nordamerikas im 18. Jahrhundert, die Gesetzgebung der französischen Revolutionszeit (1791) und von 1844, endlich die österreichische Gesetzgebung von 1852. [1])

In Deutschland galten zunächst im 19. Jahrhundert nur partikularrechtliche Bestimmungen für das Erfinderrecht, die teils wegen der Geringfügigkeit der damaligen deutschen Industrie, teils wegen ihres territorial beschränkten Herrschaftsgebietes sehr unzureichend waren. Ein gemeindeutsches Erfinderrecht wurde erst durch das „Patentgesetz vom 25. Mai 1877" geschaffen.

An Stelle dieses Gesetzes trat unter Beibehaltung seiner wesentlichen Grundlagen das neue Patentgesetz vom 7. April 1891, in Kraft seit 1. Oktober 1891, fernerhin zitiert als „PG.", auch in den Kolonien gültig (vgl. oben § 1 a. E. S. 5 N. 3). Von dem Patentgesetz des Jahres 1877 blieben nur die §§ 41—45 fortbestehen. Von Bedeutung sind nur noch die §§ 41, 42. Danach bleiben die am 1. Juli 1877, dem Zeitpunkt der Gesetzeskraft des alten Patentgesetzes, bestehenden landesrechtlichen Patente in Geltung. Eine Verlängerung ihrer landesrechtlichen Dauer ist ausgeschlossen. Der Patentinhaber kann Erteilung eines Reichspatentes beanspruchen.

Das Erfinderrecht ist seiner Natur nach Urheberrecht, jedoch von dem Urheberrechte im engeren Sinne dadurch wesentlich verschieden, daß sein Gegenstand nicht ist ein in bestimmter Form erkennbares Geisteswerk, sondern eine Idee als solche.

Es beruht auf der Erwägung, daß derjenige, welcher seine Erfindung der Allgemeinheit hingibt, und dadurch das wirtschaftliche Leben fördert, auch einen gesicherten Vorteil hievon haben soll. Durch diese Sicherung wird auch der Erfindungsgeist angeregt und die sonst zu befürchtende Geheimhaltung von wichtigen Erfindungen vermieden.

Die juristische Natur des Erfinderrechts ist sehr bestritten; es kehren auch hier die oben für das Urheberrecht angeführten Theorien wieder. Insbesondere ist kontrovers, ob man von einem Erfinderrecht sprechen könne, solange es noch nicht staatlich anerkannt sei durch Erteilung eines sog. Patentes (s. Gierke, Deutsches Privatrecht § 94 S. 854 ff.).

---

[1]) Vgl. über die geschichtliche Entwicklung Gierke a. a. O. S. 849 ff. Dernburg-Kohler a. a. O. § 79; Pilenko, Das Recht des Erfinders im russischen und internationalen Recht. Historisch-dogmatische Untersuchung, aus dem Russischen übersetzt von Augustin. Berlin, Heymanns Verlag, 1907.

§ 11.

Begründung des Erfinderrechts.

Damit das Erfinderrecht als vollkommenes Recht entstehe, ist eine staatliche Feststellung des Rechtes erforderlich, die sog. „Patenterteilung" (in Österreich „Privileg", in Frankreich "brevet" genannt).

Im Deutschen Reiche ist die für Patenterteilung bestehende besondere Behörde das „Patentamt" mit dem Sitze in Berlin (PG. § 13). Dieses Amt funktioniert auch, wie gezeigt, im Gebiete des Gebrauchsmusterrechtes (oben § 9).

Die Organisation des Patentamtes ist folgende: Es besteht aus drei Arten von Abteilungen für das Erfinderrecht: 1. Elf Anmeldeabteilungen;[1]) 2. eine Nichtigkeitsabteilung für Anträge auf Nichtigkeitserklärung und auf Zurücknahme von Patenten; 3. zwei Beschwerdeabteilungen[2]) (PG. §§ 14—17).

Die Beschwerdeabteilung I ist zuständig für Beschwerden gegen Beschlüsse der Anmeldeabteilungen I und II, VII—IX sowie der Nichtigkeitsabteilung; die Beschwerdeabteilung II für Beschwerden gegen Beschlüsse der Anmeldeabteilungen III—VI, X und XI. Die Kompetenz der einzelnen Anmeldeabteilungen bestimmt der Reichskanzler (AusfVO. §§ 1², 2 und die Abänderungsverordnungen).

Das Patentamt führt ein Register, die „Patentrolle", in welche Gegenstand der Patente, Namen und Wohnort der Patentinhaber, ihrer bestellten Vertreter,[3]) Anfang, Ablauf, Nichtigkeitserklärung und Zurücknahme der Patente, Änderungen in der Person des Patentinhabers oder seines Vertreters eingetragen werden.

Die Patentrolle ist öffentlich. Der Eintrag in die Rolle ist durch den Reichsanzeiger bekannt zu machen. In der amtlichen Zeitung des Patentamts, dem „Patentblatt"[4]) wird diese Bekanntmachung wiederholt mit den auf das Patent bezüglichen Beschreibungen und Zeichnungen (PG. § 19).

Nur die für Heeres- oder Flottenzwecke erteilten Patente des Reiches sind nicht der Öffentlichkeit unterworfen (PG. §§ 19,³⁻⁴, 23⁵).

Vor der Patenterteilung findet ein Prüfungsverfahren durch das Patentamt statt zur Prüfung der gesetzlichen Voraus-

---

[1]) AusfVO. vom 11. Juli 1891 § 1¹ und AbändVOO. vom 26. Mai 1902, 23. April 1904, 14. Mai 1908.

[2]) AusfVO. § 2¹.

[3]) Darüber s. unten II a. E.

[4]) S. oben vor § 10 Note 1.

setzungen des Patentes.[1]) Durch ein Aufgebotsverfahren soll hiebei dritten Personen Gelegenheit zum Einspruch gegen die Patenterteilung gegeben werden.

Das Patentamt entscheidet endgültig über das Dasein einer patentfähigen Erfindung.

Zugleich ist das Patentamt[2]) zur Abgabe von Gutachten in Patentprozessen auf Ersuchen der Gerichte berufen (PG. § 18[1]). Über Nichtigkeit oder Zurücknahme[3]) von Patenten entscheidet das Patentamt nicht endgültig, vielmehr ist hier Berufung zum Reichsgericht gegen die Entscheidungen des Patentamts zulässig.

Die gesetzlichen Voraussetzungen der Patenterteilung sind:

I. In objektiver Beziehung.

1. Eine Erfindung in dem oben definierten Sinne.

2. Neuheit der Erfindung. Sie ist nicht neu, wenn sie zur Zeit der Anmeldung in öffentlichen Druckschriften aus den letzten 100 Jahren so beschrieben oder wenn sie im Reiche so offenkundig ist, daß ihre Benutzung durch Sachverständige möglich erscheint; darüber s. RG. Bd. 56 S. 55 ff. (PG. § 2[1]).[4])

3. Gewerbliche Verwertbarkeit (PG. § 1). Gewisse Erfindungen sind trotz Neuheit und Verwertbarkeit patentunfähig, nämlich:

a) diejenigen, deren Verwertung den Gesetzen oder den guten Sitten widerspräche,[5])

b) Erfindungen von Nahrungs-, Genuß-, Arzneimitteln und chemisch hergestellten Stoffen, wogegen die Erfindung eines neuen Verfahrens zur Herstellung patentfähig ist (PG. § 1[2] Nr. 1, 2).

---

[1]) Amerikanisches und neueres englisches System. Gegensatz: Französisches und älteres englisches System, das die Anmeldung allein genügen läßt (Vorprüfungssystem — Anmeldungssystem).

[2]) Und zwar in seinen Beschwerdeabteilungen (AusfVO. § 2[3]).

[3]) D. i. Entziehung.

[4]) S. jedoch Gesetz vom 18. März 1904 betr. den Schutz von Erfindungen, Mustern und Warenzeichen auf Ausstellungen (RGBl. 1904 S. 141; oben § 8 Nr. 1), das auch für Erfindungen gilt und oben S. 34 Nr. II. — Die im Auslande amtlich herausgegebenen Patentbeschreibungen gelten erst nach Ablauf von drei Monaten seit der Herausgabe als öffentliche Druckschriften, sofern das Patent von demjenigen nachgesucht wird, der die Erfindung im Auslande angemeldet hat und laut Bekanntmachung im Reichsgesetzblatte die Gegenseitigkeit im Anmeldestaat verbürgt ist (PG. 2[2]).

[5]) Z. B. Mittel des Diebstahls, der Fälschung, des Hazardspiels, der Konzeptionsverhinderung (vgl. Kohler, Lehrbuch S. 59, 68 Nr. VI).

Die Erfindung kann zu ihrer Verwertbarkeit die Benutzung einer bereits patentierten anderen Erfindung voraussetzen. Dann kann nur ein Patent mit Vorbehalt des bestehenden Patents erteilt werden („Abhängigkeitspatent"; PG. § 3 1).

Das ist praktisch am häufigsten bei Erfindung von Verbesserungen einer schon patentierten Erfindung.

Ist der Erfinder der Verbesserung auch der Haupterfinder, so bedarf er bloß eines sog. „Zusatzpatentes" (PG. § 7), welches in seiner Dauer abhängt von der des Hauptpatents, dafür aber auch einer geringeren Gebühr unterliegt.

Durch Nichtigkeitserklärung des Hauptpatents wird das Zusatzpatent ein Hauptpatent für den Rest der Zeit, für die das nichtige Hauptpatent bei Gültigkeit gedauert hätte. Desgleichen, wenn der Patentinhaber auf das Hauptpatent verzichtet.

Der Erfinder kann sich übrigens für seine Verbesserungserfindung auch ein Hauptpatent erteilen lassen.

II. In subjektiver Beziehung.

Nur der Erfinder hat Erfinderrecht. Gemeinschaftliche Erfinder haben es gemeinsam.[1]) Auch eine juristische Person kann Erfinderrecht haben, wenn die Erfindung von ihren Organen in ihrem Wirkungskreise als Organe ausgeht (staatliche Versuchsanstalten).[2])

Der bloße Gehilfe bei der Erfindung ist nicht Erfinder.

Umgekehrt ist es aber auch nicht der Geschäftsherr, der Dienstberechtigte, wenn der Angestellte, Dienstpflichtige eine Erfindung macht. Aber durch Vertrag kann vereinbart werden, daß die Erfindung sofort auf den Dienstherrn übergehen soll. (Häufig in chemischen Fabriken.) Stellvertretung in der Erfindung ist ausgeschlossen (vgl. oben § 2 II N. 2).

Das Patent für die Erfindung wird aber nicht notwendig dem Erfinder, sondern dem zuerst Anmeldenden erteilt.

Bei Erfindungen, die mehrere selbständig gemacht haben, geht also der erste Anmelder vor, nicht der erste Erfinder (PG. § 3).

Aber der andere Erfinder, der seine Erfindung schon vor der Anmeldung des einen benützt hat, darf die Benutzung trotz des dem Anmeldenden erteilten Patentes fortsetzen (PG. § 5 1).[3])

Der Anmelder braucht seine Erfindung nicht darzutun. Auch

[1]) Vgl. oben § 2 II 1.
[2]) Damme, DJZ. Bd. 3 S. 399.
[3]) Vgl. unten § 12 II 1.

ein Unberechtigter kann anmelden und erlangt dadurch den Anspruch auf ein Patent, wenn nicht der Berechtigte erfolgreich Einspruch erhebt. Nach der Erteilung des Patentes an einen Unbefugten kann der Berechtigte die Nichtigkeitserklärung beantragen (PG. §§ 3², 10¹ Nr. 3, 10²).

Bei erfolgreichem Einspruch ist dem Berechtigten das Patent gesichert. Er kann binnen einem Monat seit Mitteilung von dem Erfolg seines Einspruchs verlangen, daß als Tag seiner Anmeldung der Tag vor der Anmeldung des Unberechtigten festgesetzt werde[1]) (PG. § 3²).

Der erfolgreiche Antrag auf Nichtigkeitserklärung hat jedoch nur die Beseitigung des fremden Patents zur Folge. Der Berechtigte selbst kann nicht mehr anmelden, da die Erfindung jetzt nicht mehr neu ist.

Ausländer stehen hinsichtlich des Erfinderrechts den Inländern gleich. Wer aber nicht im Inlande wohnt, bedarf für das Recht auf Patent und für die Ausübung des Patents eines Vertreters.[2]) Vergeltungsrecht ist vorbehalten[3]) (PG. § 12).

III. In formeller Beziehung.

Damit ein Patent erlangt werden könne, ist die Erfindung gehörig beim Patentamte anzumelden. Immer nur eine Erfindung kann angemeldet werden. Die Anmeldung muß schriftlich geschehen; ihr ist eine so genaue Beschreibung beizulegen, daß die Benützung durch Sachverständige möglich ist (PG. § 20).

Nach der Anmeldung erfolgt durch das Patentamt die Patenterteilung auf Grund eines dem zivilprozessualen Verfahren ähnlichen Verfahrens, in welchem die Beteiligten geladen und gehört, Zeugen und Sachverständige vernommen und sonstige Ermittelungen

---

[1]) So daß also zur Zeit seiner Anmeldung die Erfindung noch neu war.

[2]) Vgl. oben § 9 G und Kohler, Lehrbuch S. 19 Nr. VI.

[3]) Vgl. aber jetzt Pariser Unionsvertrag vom 20. Juli 1883 Art. 4 und Brüsseler Zusatzakte vom 14. Dezember 1900 Art. 1 II. S. über den Inhalt oben S. 34 Nr. II. Die Prioritätsfrist dauert für Erfindungen 12 Monate. Die in einem Verbandsstaate erteilten Patente sind unabhängig von den für die nämliche Erfindung in anderen Verbands- oder Nichtverbandsstaaten erteilten Patenten. Brüsseler Zusatzakte Art. 1 III. Sonderverträge des Deutschen Reichs bestehen mit: Frankreich (RGBl. 1872 S. 7), Italien (RGBl. 1892 S. 293 und 1903 S. 178), Japan (RGBl. 1896 S. 715), Österreich-Ungarn (RGBl. 1892 S. 289), Schweiz (RGBl. 1894 S. 511 und 1903 S. 181), den Vereinigten Staaten von Nordamerika (RGBl. 1909 S. 895).

angestellt werden können (PG. §§ 21—27; AusfVO. vom 11. Juli 1891 §§ 1—18).

Dieses Verfahren[4]) ist im einzelnen wie folgt gegliedert:

1. Vorprüfung durch ein Mitglied der zuständigen Anmeldeabteilung. Bei allenfallsigen Bedenken fordert es den Antragsteller zur Erklärung binnen bestimmter Frist auf, nach deren fruchtlosem Ablauf das Patentgesuch als zurückgenommen gilt (PG. § 24).

2. Sonst schreitet die Anmeldeabteilung selbst zur Prüfung und Beschlußfassung. Lautet der Beschluß auf Zurückweisung der Anmeldung, so findet Beschwerde an die zuständige Beschwerdeabteilung statt binnen Monatsfrist nach Zustellung des Beschlusses. (PG. §§ 22, 16, 26.) Wird die Frist versäumt oder die Beschwerde abgewiesen, so steht nun unabänderlich fest, daß kein Patent erteilt wird (PG. § 23[1]).

Erachtet aber die Anmeldeabteilung das Patentgesuch für zulässig, so folgt Bekanntmachung der Anmeldung (PG. § 23[4]), „Aufgebot."

Auf Antrag muß diese Bekanntmachung für drei und kann für sechs Monate ausgesetzt werden.

3. Die Bekanntmachung erfolgt im Reichsanzeiger (PG. § 23[2,3]).

Mit der Bekanntmachung vorläufiger Eintritt der Patentwirkungen (PG. § 23[1,2]); Beginn einer zweimonatlichen Frist für Zahlung der ersten Jahresgebühr. Säumnis begründet die Fiktion der Anmeldungszurücknahme (PG. § 24[1]).

Während der Frist ist schriftlicher Einspruch Dritter mit Gründen zulässig; wegen unbefugter Entlehnung der Erfindung kann nur der berechtigte Erfinder Einspruch erheben; aus anderen Gründen jedermann. Nach Ablauf der Frist faßt die Anmeldeabteilung über die Patenterteilung Beschluß (PG. § 24[2,3]).

Dagegen Beschwerde des Gesuchstellers bzw. des Dritten an die zuständige Beschwerdeabteilung binnen Monatsfrist nach Zustellung. Für die Kosten sind 20 *M* zu erlegen (PG. §§ 16, 26).

Die Versagung des Patents durch die Beschwerdeabteilung ist unabänderlich. Die einstweiligen Patentwirkungen gelten als nicht eingetreten.[1]) Das wird im Reichsanzeiger bekannt gemacht. Die eingezahlte Gebühr wird zurückgegeben. Die Zurücknahme der Anmeldung hat dieselbe Wirkung (PG. § 27[2]).

---

[4]) Kohler, Lehrbuch S. 93 ff. karakterisiert dieses Verfahren als ein Verfahren der freiwilligen Gerichtsbarkeit des öffentlichen Rechts.

[1]) Und zwar mit Rückwirkung; s. Kohler, Lehrbuch S. 117/118.

Der Reichsverwaltung ist ein für Heer oder Flotte nachgesuchtes Patent ohne weiteres Verfahren zu erteilen (PG. § 23[5]).

4. Wird das Patent endgültig erteilt, so macht dies das Patentamt (Anmeldeabteilung) im Reichsanzeiger bekannt, fertigt dem Anmeldenden eine Patenturkunde aus und nimmt die Eintragung in die Patentrolle vor (PG. §§ 27[1], 19). Schon mit dem endgültigen Patenterteilungsbeschluß besteht das Patentrecht.

Aber es besteht doch nur dann, wenn wirklich ein Erfinderrecht vorhanden ist oder richtiger: es besteht trotz des Patentes nicht, wenn kein Erfinderrecht besteht oder wenn die Erfindung schon einem anderen Erfinder patentiert worden war (PG. § 12).

5. Deshalb kann (schriftlicher) Antrag auf Nichtigkeitserklärung beim Patentamt gestellt werden, der die Anfechtungsgründe angeben muß, und zwar von dem in seinem Erfinderrecht Verletzten, wenn die patentierte Erfindung der seinigen unbefugterweise entlehnt ist, wegen des Mangels sonstiger Voraussetzungen von jedermann. Mit dem Antrag ist eine Gebühr von 50 *M* zu erlegen; sonst gilt der Antrag als nicht gestellt. Der im Auslande wohnende Antragsteller muß auf Verlangen des Gegners Sicherheit wegen der Kosten des Verfahrens innerhalb einer vom Patentamt gesetzten Frist in der vom Patentamt bestimmten Höhe leisten bei Vermeidung der Annahme, daß der Antrag zurückgenommen worden sei (PG. § 28).

Die Entscheidung über den Nichtigkeitsantrag fällt die Nichtigkeitsabteilung. Der Patentinhaber wird mit seiner Verteidigung gehört, wenn er sie binnen einem Monat nach der Mitteilung des Nichtigkeitsantrags vorbringt.[1])

Wenn sich der Patentinhaber innerhalb der Frist nicht erklärt, so kann ohne Anhörung der Parteien jede vom Antragsteller behauptete Tatsache für erwiesen angenommen und sofort dem Antrage gemäß entschieden werden [2]) (PG. § 29).

Es kann aber auch kontradiktorisches Verfahren und Beweiserhebung durch Vernehmung von Zeugen und Sachverständigen nach Maßgabe der Zivilprozeßordnung angeordnet werden.

Die Anordnung kontradiktorischen Verfahrens muß erlassen

---

[1]) Über die rechtliche Natur des Verfahrens als „Verwaltungsstreitverfahren" s. Kohler, Lehrbuch S. 204 ff.

[2]) Die erlegte Gebühr von 50 *M* ist in diesem Falle zurückzuerstatten. PG. § 28[4] Satz 3.

werden nach rechtzeitiger Erhebung des Widerspruches und zwar unter Mitteilung des letzteren an den Antragsteller.

Zu dem kontradiktorischen Verfahren sind die Parteien von Amts wegen zu laden (PG. § 30).

Auf Ersuchen des Patentamts sind die Gerichte zur Leistung der Rechtshilfe verpflichtet, insbesondere zum Zwecke der Festsetzung von Strafen gegen ungehorsame Zeugen und Sachverständige und zur Erlassung eines Vorführungsbefehls gegen erstere (PG. § 32).

In jeder Entscheidung über den Nichtigkeitsantrag muß nach freiem Ermessen des Patentamts auch über die Pflicht zur Tragung der Kosten des Verfahrens entschieden werden (PG. § 31).

Die Parteien können sich in dem Verfahren vor dem Patentamte nicht bloß durch Rechtsanwälte, sondern auch durch Patentanwälte [1]) vertreten lassen. Diesen darf die Vertretung auf Grund § 53³ der GewO. nicht untersagt werden. Personen, die weder Rechts- noch Patentanwälte sind, kann der Präsident des Patentamts von der Vertretung ausschließen, wenn sie diese berufsmäßig betreiben.

Jeder deutsche Rechtsanwalt kann in Patentsachen auftreten [2]).

Gegen die Entscheidung Berufung ans Reichsgericht binnen sechs Wochen nach der Zustellung der Entscheidung in schriftlicher Form mit Begründung (PG. § 33). Die Einzelheiten des Berufungsverfahrens bestimmt die VO. vom 6. Dezember 1891 (RGBl. S. 398) Vgl. insbesondere §§ 7, 8 der VO. über das Offizialprinzip, welches das Verfahren beherrscht. Nach § 5 kann das Reichsgericht die Beweiserhebung dem Patentamte übertragen.

Mängel des Erteilungsverfahrens begründen gleichfalls Anfechtbarkeit des Patentes (RG. Bd. 50 S. 196 ff.).

Mit der Rechtskraft der Nichtigkeitsfeststellung wird das Patent als nicht erteilt behandelt.

Die Anfechtbarkeit des Patents wegen unbefugter Entlehnung wird durch nachträgliche Einwilligung des Berechtigten geheilt (PG. § 28²).

Die Anfechtbarkeit wegen Mangels der objektiven Erfordernisse wird geheilt, wenn innerhalb fünf Jahren von der Patentveröffentlichung an niemand die Nichtigkeit beantragt (PG. § 28³).

---

[1]) Über die Zulassung zur Patentanwaltschaft s. das Gesetz vom 21. Mai 1900 betr. die Patentanwälte. Über die Patentanwaltschaft im einzelnen s. Kohler, Lehrbuch S. 96 ff.

[2]) S. Kohler, Lehrbuch S. 210.

Die Anfechtbarkeit wegen früherer Patentierung derselben Erfindung für einen anderen ist unheilbar. Vgl. jedoch Brüsseler Zusatzakte Art. 1, III oben S. 49 Note 3.

§ 12.

Inhalt und Umfang des Erfinderrechts.

Der Erfinder hat auch ohne Patent das alleinige Recht, über die Veröffentlichung seiner Erfindung zu entscheiden. Er hat das Recht, seine Erfindung zu benutzen und zwar trotzdem später ein anderer dieselbe Erfindung angemeldet und patentiert erhalten hat.

Gegen unbefugte Entlehnung seiner Erfindung durch andere, die einen Patentanspruch anmelden, hat er Einspruchsrecht, gegen das erteilte Patent ein Anfechtungsrecht (s. oben § 11). Aber sein Recht ist unvollkommen. Denn es ist nicht geschützt gegenüber der Benützung seiner Idee durch andere; vgl. Kohler, Lehrbuch S. 84 ff.

Nach der Patenterteilung hat der Patentinhaber

I. ausschließliches (gewerbliches) Benutzungsrecht der Erfindung,[1] d. i. des durch die Erfindung hergestellten Gegenstandes oder des erfundenen technischen Verfahrens und der durch das Verfahren unmittelbar hergestellten Erzeugnisse.

Darin liegt:

1. ausschließliches Recht zur gewerbsmäßigen Herstellung,
2. ausschließliches Recht zur gewerbsmäßigen Verbreitung,[2]
3. ausschließliches Recht zum gewerbsmäßigen Gebrauch.[3]

(PG. § 4).

II. Das ausschließliche Benützungsrecht hat gewisse Schranken.

Es kann nicht ausgeübt werden gegenüber einem entgegenstehenden fremden Rechte ohne Einwilligung des Berechtigten,

---

[1]) Die Erfindung ist jede Verwirklichungsform der neuen Idee, auch wenn der Erfinder bei der Patentanmeldung nur eine Verwirklichungsform dargelegt hat. Die übrigen Verwirklichungsformen nennt man Äquivalente oder Gleichwerte. S. Kohler, Lehrbuch S. 45 ff.

[2]) „In Verkehr bringen und Feilhalten". Obligatorische Verträge fallen nicht unter den Begriff der Verbreitung. A. M. Kohler, Lehrbuch S. 126 IV 1.

[3]) Der Patentinhaber kann aber nicht verbieten: Benutzung des durch das patentierte Verfahren von ihm hergestellten, nach dem patentfreien Auslande verkauften und von dort wieder eingeführten Stoffes. cf. RG. Bd. 51 S. 139 ff. Denn durch die Inverkehrsetzung der patentierten Ware hat der Berechtigte sein Patent erschöpft und über die Erschöpfung hinaus hat er kein Patentrecht; s. Kohler, Lehrbuch S. 131 ff.

also nicht gegenüber einem vorgehenden Patentrecht oder Gebrauchsmusterrecht eines andern (Abhängigkeitspatent, s. oben § 11 I Nr. 3 und § 9 D a. E.; vgl. Gesetz IV § 15.)[1])

Das in dem ausschließlichen Benutzungsrechte enthaltene Verbietungsrecht versagt:

1. Gegenüber demjenigen, der die gleiche eigene oder fremde Erfindung schon vor der Anmeldung des Patentinhabers in Benutzung genommen oder der doch die Veranstaltungen hiezu getroffen hat, dem sog. „Vorbenutzer".[2])

Das Recht des Vorbenutzers kann zusammen mit seinem Gewerbebetrieb veräußert und vererbt werden (PG. § 5[1]).

2. Gegenüber dem Reich und den Bundesstaaten insoferne, als diese befugt sind, für Heer, Flotte oder sonst im öffentlichen Interesse die patentierte Erfindung gegen angemessene Entschädigung des Patentinhabers zu benützen oder benützen zu lassen (PG. § 5[2]).

Die Entschädigung ist nötigenfalls durch richterliches Urteil festzusetzen.

3. Gegenüber Einrichtungen an Fahrzeugen, die nur vorübergehend ins Inland gelangen (PG. § 5[3]).[3])

4. Gegenüber einem Notstand in analoger Anwendung des § 904 BGB., z. B. „eine Erfindung wird benutzt, um ein Schiff aus äußerster Not zu befreien"; s. Kohler, Lehrbuch S. 134 Nr. 2.

Mit dem Patentrecht verknüpfen sich Pflichten:

1. Die Gebührenpflicht. Für das erste Jahr sind 30 *M*, für das zweite 50 *M*, für jedes fernere je 50 *M* mehr zu zahlen. Für Zusatzpatente ist nur die erste Gebühr zu zahlen, solange sie nicht selbständige Patente werden (vgl. oben § 11 I).

Über die Fälligkeit der ersten Gebühr s. oben § 11 III Nr. 3. Die Fälligkeit der ferneren Gebühren tritt ein mit Beginn des zweiten und der folgenden Patentjahre. Zahlungsfrist: 6 Wochen; Verlängerung um weitere 6 Wochen zulässig mit Zuschlag von 10 *M*; ebenso Stundung für bedürftige Patentinhaber auf 2 Jahre und Erlaß bei Erlöschen des Patents (durch Verzicht oder durch

---

[1]) Nichtigkeitserklärung des Patents wegen Verstoßes gegen ein älteres Gebrauchsmusterrecht kann nicht verlangt werden: RG. Bd. 61 S. 399 ff.

[2]) Vorbenutzer ist aber nur derjenige, welcher die Erfindung für eigene Zwecke benutzt oder die zu solcher Benutzung erforderlichen Veranstaltungen getroffen hat. RG. Bd. 52 S. 91 ff.

[3]) D. h. der Patentinhaber kann wegen Verletzung seines Patentes durch solche Einrichtungen an ausländischen Fahrzeugen sich nicht beschweren.

Zurücknahme) im dritten Jahr. Die Gebühren können vorausbezahlt werden.

Bei Nichtigkeitserklärung oder vorzeitigem Erlöschen des Patents erfolgt Rückzahlung der vorausbezahlten Gebühr. Herabsetzung der Gebühr durch Beschluß des Bundesrats ist möglich. Versäumung der Zahlungsfrist bewirkt Erlöschen des Patents (PG. §§ 8, 9).

2. Die Ausführungspflicht im Inlande spätestens vor Ablauf von 3 Jahren seit der Patentbekanntmachung bei Meidung der Patentzurücknahme. Ausführung ist schon Vorkehrung alles dessen, was zur Sicherung der Ausführung erforderlich ist (PG. § 11 Nr. 1).

3. Lizenzpflicht, d. h. Pflicht zur Benutzungserlaubnis gegen angemessene Vergütung nach drei Jahren seit der Patentbekanntmachung, insoweit dies im öffentlichen Interesse geboten ist, bei Meidung gleicher Folge wie sub 2 (PG. § 11 Nr. 2).

§ 13.

Übertragung des Erfinderrechts.

Schon vor der Patenterteilung ist das Erfinderrecht übertragbar und vererblich; um so mehr nach der Patenterteilung (PG. § 6).

Der Übergang erfolgt vor der Patenterteilung durch den Veräußerungsvertrag oder die Erbfolge allein.

Nach der Patenterteilung wirkt der Veräußerungsvertrag Dritten gegenüber erst mit Eintragung des Erwerbers in die Patentrolle[1]) (PG. § 19^2).

Das Erfinderrecht nach erteiltem Patent kann auch mit Beschränkung der örtlichen und zeitlichen Ausdehnung übertragen, es kann auch blos ein Nießbrauch oder ein Pfandrecht daran bestellt werden.

Auf Grund des erteilten Patents kann auch eine Lizenz,[2]) d. h. Erlaubnis zur Benutzung eingeräumt werden, ohne das Verbietungsrecht. Das Patentrecht kann auch gepfändet und versteigert werden. Nicht so das Erfinderrecht vor der Patenterteilung, solange die Erfindung noch nicht angemeldet ist (PG. § 6; RG. Bd. 52 S. 227 ff.).

---

[1]) Die Eintragung des Erwerbers in die Rolle setzt Nachweis des Erwerbs gegenüber dem Patentamte voraus. — Kohler, Lehrbuch S. 177 ff. will zugunsten des gutgläubigen Erwerbers der Patentrolle öffentlichen Glauben beilegen.

[2]) Über den Lizenzvertrag s. RG. Bd. 57 S. 38 ff.

§ 14.

Schutz des Erfinderrechts.

Das Erfinderrecht ist ein absolutes Privatrecht und deshalb ist seine schuldhafte Verletzung eine unerlaubte Handlung gemäß BGB. 823¹, nach der Patenterteilung auch gemäß BGB. § 823².[1])

Allein der unbefugte Eingriff in das ausschließliche Benutzungsrecht begründet eine Schadensersatzpflicht nur bei dolus oder lata culpa[2]) (PG. § 35).

Dolose Patentverletzung durch Benutzung der Erfindung ist auch strafbar auf Antrag mit Geldstrafe bis zu 5000 *M* oder mit Gefängnis bis zu einem Jahre. Der Antrag kann zurückgenommen werden (PG. § 36). Befugnis zur Urteilsveröffentlichung wie oben S. 42 G Z. 5. v. u. ff. (PG. § 36³). Neben der Strafe kann Buße bis zu 10000 *M* verhängt werden, wie bei Verletzung des Gebrauchsmusterechtes (PG. § 37).

Strafbar mit Geldstrafe bis zu 1000 *M* ist ferner die Patentanmaßung d. h.:

1. wenn jemand Gegenstände oder deren Verpackung mit einer Bezeichnung versieht, welche geeignet ist, den Irrtum zu erregen, daß die Gegenstände durch ein Patent geschützt seien;

2. wenn jemand durch irgendwelche öffentliche Kundgebung eine Bezeichnung verwendet, welche geeignet ist zur Erregung des sub 1 erwähnten Irrtums.

Bei Erfindung eines Verfahrens zur Herstellung eines neuen Stoffes greift die Präsumtion Platz, daß Stoff von gleicher Beschaffenheit durch Patentverletzung hergestellt sei (PG. § 35²).

Verjährung des Anspruchs auf Entschädigung tritt nach 3 Jahren von der begangenen Verletzungshandlung ein (PG. § 39).

Gegen dolose Patentverletzung steht dem Erfinder auch ein Unterlassungsanspruch zu (vgl. oben § 6 a. A.); gegen Bedrohung seines Rechts Feststellungsklage nach ZPO. § 256.

In Zivilprozessen, in denen durch Klage oder durch Widerklage ein Entschädigungsanspruch wegen Patentverletzung geltend gemacht wird, ist das Reichsgericht höchste Instanz auch gegenüber bayerischen Oberlandesgerichten (PG. § 38).

---

[1]) Jedoch nur die Verletzung eines inländischen Patents; s. Kohler, Lehrbuch S. 216 ff.

[2]) Auch wenn er erst nach Erhebung der Patentverletzungsklage geschieht (RG. Bd. 62 S. 26).

§ 15.

Beendigung des Erfinderrechts.

Das Patentrecht erlischt vor allem durch Ablauf von 15 Jahren von dem auf die Anmeldung folgenden Tage gerechnet (PG. § 7).

Das gilt für das Zusatzpatent selbst dann, wenn es durch Nichtigkeitserklärung des Hauptpatents zum selbständigen Patent geworden ist (PG. § 7²; oben S. 48 Nr. I).

Das Patentrecht erlischt ferner durch Verzicht (PG. § 9). Über die Erfordernisse des Verzichts enthält das Gesetz keine Bestimmung. Allein, da das Patentrecht ein absolutes Recht ist, so wird erforderlich sein, daß der Verzichtswille dem Publikum gegenüber geäußert wurde.[1])

Weitere Erlöschungsgründe sind: Versäumung der Zahlungsfrist für die Gebühren; Zurücknahme wegen Nichterfüllung der Ausführungspflicht oder der Lizenzpflicht (s. oben § 12).

Die Zurücknahme erfolgt durch das Patentamt. Jedermann kann den Antrag stellen. Zurücknahme wegen Lizenzverweigerung darf erst erfolgen, wenn sie vorher unter Grundangabe und Vorsetzung einer Frist vergeblich angedroht wurde.

Im übrigen ist das Verfahren das gleiche wie bei Antrag auf Nichtigkeitserklärung. Also auch Berufung ans Reichsgericht! Nur muß die Zurücknahme nicht ausgesprochen werden, sondern sie kann es und die rechtskräftige Zurücknahme hat keine deklaratorische, sondern konstitutive Bedeutung, d. h. sie wirkt erst für die Zukunft.

Jede Beendigung des Patentrechtes ist in die Patentrolle einzutragen und durch den Reichsanzeiger zu veröffentlichen (PG. § 19¹). .

Das nicht patentierte Erfinderrecht erlischt durch Preisgebung der Erfindung an die Öffentlichkeit.

---

1) Vgl. Kohler, Lehrbuch S. 171 ff.

Sachregister.

Die Zahlen bedeuten die Seite.

A.

N.

O.

P.

V.

W.

Z.

MIX
Papier | Fördert gute Waldnutzung
FSC® C083411

Kolibri 360 GmbH
Ferdinand-Jühlke-Straße 7
99095 Erfurt, Deutschland
produktsicherheit@kolibri360.de